数字经济学的理论与实践应用研究

邢晓溪 著

图书在版编目（CIP）数据

数字经济学的理论与实践应用研究 / 邢晓溪著 . --
北京 : 中国原子能出版社 , 2022.12

ISBN 978-7-5221-2434-6

Ⅰ . ①数… Ⅱ . ①邢… Ⅲ . ①信息经济学—研究
Ⅳ . ① F062.5

中国版本图书馆 CIP 数据核字 (2022) 第 228304 号

数字经济学的理论与实践应用研究

出版发行 中国原子能出版社（北京市海淀区阜成路 43 号 100048）

责任编辑 潘玉玲

责任印制 赵　明

印　　刷 北京天恒嘉业印刷有限公司

经　　销 全国新华书店

开　　本 787mm × 1092mm　1/16

印　　张 10.375

字　　数 207 千字

版　　次 2022 年 12 月第 1 版　　2022 年 12 月第 1 次印刷

书　　号 ISBN 978-7-5221-2434-6　　定　　价 76.00 元

前　言

数字技术催生了以数据为关键生产要素的数字经济形态，表现出参与者身份相对模糊、更关注产品使用和服务延伸等与传统经济不同的形式。梳理与总结数字经济学，一方面有助于指导社会生产方式数字化转型，另一方面也有助于发展甚至重构经济管理理论逻辑。在梳理数字经济内涵特征的基础上，结合数据要素非竞争性、使能性、生产与消费统一性等特征，以及数字技术促使社会生产方式变革的路径，探讨数字经济学的理论基础，并提出未来需要重点关注的研究议题，为构建数字经济学术共同体提供借鉴。

数字技术的快速发展促进数字化知识和信息快速增长，进而让数据成为数字经济的关键生产要素；同时，数字技术快速发展也让生产主体、生产组织、生产过程和生产关系均发生了重大变革。本书将数字技术定义为“信息、计算、沟通和连接技术的组合”，其与信息技术和信息通信技术的区别在于，在信息通信技术的基础上，连接技术让传统未连接的数据孤岛进行了连接，计算技术让被连接起来的大数据发挥出更好的效能。

本书是一本学术性专著图书，本书主要研究数字经济学方面的问题，涉及丰富的数字经济知识。主要内容包括数字经济概述、数字经济是推动经济发展的新引擎、数字经济的赋能与转型、数字经济政策的演变、数字经济的战略抉择、数字经济时代电子商务的发展、数字经济时代媒体产业的高质量发展等。本书是作者长期从事数字经济教学和实践的结晶。本书在内容选取上既兼顾到知识的系统性，又考虑到可接受性。本书旨在向读者介绍数字经济的基本概念、原理和应用，使读者能系统地理解数字经济基础知识，熟练地掌握数字经济基本应用技能。本书兼具理论与实际应用价值，可供相关教育工作者参考和借鉴。

目　录

第一章　数字经济概述

第一节　数字经济的定义与意义

一、数字经济的定义

1997年，美国提出“新经济”的概念，其包含知识经济、创新经济、数字经济、网络经济。数字经济是新经济观测的一个角度，是信息经济的一部分。信息经济被分为三个层次：第一，信息经济是一种经济形态，它与农业经济、工业经济同级；第二，信息经济属于传统产业，包括第一产业、第二产业、第三产业；第三，从经济活动方面来说，信息经济是指信息生产和服务、信息通信技术的研发，以及信息传输等经济活动。数字经济是信息经济第二层次和第三层次的子集，它是基于数字技术的内容产业、通信产业、软件产业以及信息设备制造业的产业集群，从生产端看，也包括这些产业的产品与服务。

信息技术对整个社会产生的影响随着科技发展的步伐逐步加深，而人们对信息技术融入经济与社会这一过程的定义，在不同的发展阶段产生了各种各样的概念。因此，概念混用的情况也时有发生。除早期的“信息经济”和近年的“数字经济”外，还存在网络经济、知识经济等概念。这些概念因其产生于数字经济发展的不同阶段，分别反映出不同时期人们对信息技术引起的社会变革的不同角度的理解。虽然这些概念在定义和具体内涵上有细微的差别，但总的来说，它们都是在描述信息技术对人类社会经济活动产生的影响与革新。

（一）知识经济

第二次世界大战后，由于科技进步，全球知识生产、流通速度不断提高，分配范围不断扩大，社会经济面貌焕然一新。在此背景下，相当多的学者开始关注知识与经济社会之间的联系，知识经济的概念逐渐形成。1996年，经济合作与发展组织（OECD）在年度报告《以知识为基础的经济》中认为，知识经济是以知识为基础的经济，直接依赖于知识和信息的生产、传播与应用。从生产要素的角度看，知识要素对经济增长的贡献高于土地、劳动力、资本等，因而“知识经济”是一种以知识为基础要素和增长驱动器的经济模式。

（二）信息经济

“信息经济”的概念可以追溯到20世纪六七十年代美国经济学家马克卢普（Fritz Machlup）和波拉特对于知识产生的相关研究。1962年，马克卢普在《美国知识的生产和分配》中建立了一套关于信息产业的核算体系，奠定了研究“信息经济”概念的基础。1977年，波拉特在其博士论文中提出的按照农业、工业、服务业、信息业分类的四次产业划分方法得到了广泛认可。20世纪80年代，美国经济学家保尔·霍肯（Paul Hawken）在《未来的经济》中明确提出信息经济概念，并描述信息经济是一种以新技术、新知识和新技能贯穿于整个社会活动的新型经济形式，其根本特征是经济运行过程中，信息成分大于物质成分占主导地位，以及信息要素对经济的贡献。

（三）网络经济

“网络经济”概念的提出与20世纪90年代全球范围内互联网的兴起有着密切的联系。因此，网络经济又被称为互联网经济，是指基于互联网进行资源的生产、分配、交换和消费为主的新形式经济活动。在网络经济的形成与发展过程中，互联网的广泛应用及电子商务的蓬勃兴起发挥了举足轻重的作用。与知识经济、信息经济和数字经济相比，网络经济这一术语的区别在于它突出了互联网，并将基于国际互联网进行的电子商务看作网络经济的核心内容。

（四）数字经济

综上所述，知识经济强调知识作为要素在经济发展中的作用；信息经济强调信息技术相关产业对经济增长的影响；网络经济强调以互联网为主的经济资源的分配、生产、交换和消费等经济活动；数字经济则突出表现在整个经济领域的数字化。因此，知识经济、信息经济、网络经济和数字经济这些概念在同一个时代提出并不是相互矛盾或重复的，而是从不同方面描述当前正处于变化中的世界。“知识经济—信息经济—网络经济—数字经济”之间的关系是“基础内容—催化中介—结果形式”。知识的不断积累是当今世界变化的基础，信息经济、网络经济的蓬勃发展是当代社会发生根本变化的催化剂，数字经济是发展的必然结果和表现形式，因而这几个概念相辅相成，一脉相传。

二、数字经济内涵的演进

（一）初级阶段

随着信息通信技术（ICT）的不断发展，以及应用范围的不断扩大，数字经济的定义与内涵也不断演进。在数字化早期，各国对数字经济的定义着重于宏观经济下的信息技术产业和电子商务。美国统计局在 1999 年 10 月发表的 *Measuring Electronic Business Definitions*，*Underlying Concepts*，*and Measurement Plans* 中，建议将数字经济的内涵分为四大部分：（电子化企业的）基础建设、电子化企业、电子商务以及计算机网络。但近年来随着数字化的不断推进，美国对于数字经济内涵的界定延伸到了三个方面：虚拟货币，如比特币；数字商品和服务的提供，包括数字广告、在线产品，如音乐等；互联网对商业交易的提升，包括顾客匹配、分享经济等。

英国政府在 2010 年颁布的《数字经济法 2010》中，将音乐、游戏、电视、广播、移动通信、电子出版物等列入数字经济的范畴，主要聚焦于保护文化产业的数字版权。而在《数字经济法 2017》中，英国政府深化了数字服务方面的管理，包括注重推动数字服务的发展、规范数字文化产业中的犯罪行为、强调知识产权，以及构建数字化政府。由此可见，数字经济的定义与重点逐渐转移至应用与服务方面。

（二）发展阶段

数字经济正处于蓬勃发展的阶段，不断进步的数字科技以及不断加深的数字化融合程度使得数字经济的内涵和范畴都在持续更新和泛化，互联网、云计算、大数据、物联网、金融科技与其他新的数字技术应用于信息的采集、存储、分析和共享过程中，改变了社会互动方式。数字化、网络化、智能化的信息通信技术使现代经济活动更加灵活、敏捷、智慧。关于数字经济，目前最具代表性的定义来自 2016 年 G20 杭州峰会发布的《二十国集团数字经济发展合作倡议》。该倡议将数字经济定义为：以使用数字化的知识和信息作为关键生产要素、以现代信息网络作为重要载体、以信息通信技术的有效使用作为效率提升和经济结构优化的重要推动力的一系列经济活动。

三、数字经济的意义

数字经济因其独有的技术性和融合性，成为区别于传统经济的独特经济体。其特征主要体现在以下四大方面。

（一）数字经济引领科技变革

数字经济的发展与信息科技的发展相辅相成、互相影响，主要体现在以下三个方面。

1. 基础设施形态的转变

人类历史上经历过数次技术革命，数字经济就是 20 世纪 80 年代信息通信技术革命的产物。这次技术革命将人类社会由工业时代的基础设施逐步转化为信息时代的基础设施。不仅包括计算机、互联网、电子通信这些通信基础设施，也包括数字化改造后的传统物理基础设施，如数字化交通系统、智能电器等。大数据、云计算、物联网以及区块链等技术的发展与普及也将直接作用于数字时代基础设施的进化与提升。

数字经济作为一种技术经济范式，其数字技术兼具基础性、广泛性、外溢性、互补性等特征。它不仅会带来经济社会进一步的阶跃式发展，也将推动经济效率的高速提升，进而引发基础设施、关键投入、主导产业、管理方式乃至国家调节体制等经济社会最佳惯性方式的变革。具有强烈网络化特征的数字技术重塑了经济与社会，数字化的知识和信息成为最重要的经济要素。

2．数字经济对创新产业的发展推动

数字经济对创新产业的影响可以分为以下三个方面。

第一，数字经济的发展推动了通信技术领域的科技创新，鼓励企业与个人对科技创新的投入，继而提高了科技创新的产出。自 2012 年以来，人工智能初创企业投资增长迅速。据 CB Insight 的统计数据显示，2016 年全球人工智能领域的投资交易比 2015 年增长 64%，共 658 宗，总融资额达 50 亿美元。美国五大科技公司微软、谷歌、亚马逊、Facebook 以及苹果在人工智能领域的专利数目也相继攀升。

近年来，各国政府开始普遍认识到区块链技术在未来金融体系、公共服务、社会机制等方面存在巨大的应用价值，并纷纷发布相关报告与政策，着力推动区块链技术在各领域的研究与应用。OECD 在 2014 年发布的报告《衡量数字经济：一个新的视角》中指出，2011 年度，经济合作与发展组织地区的企业研发支出（BERD）总额中，信息通信技术生产行业和出版、数字媒体与内容行业的研发支出约占 1/4。2014 年，信息通信技术相关的专利占专利申请总数的 1/3，数据挖掘专利的占比在十年间增至 3 倍，机器对机器（M2M）通信专利的占比增加了 6 倍。越来越多的创新产业聚焦高新科技领域，甚至着力开拓新兴未知领域。

第二，基于互联网的跨领域、协同化、网络化的特点，信息时代创新产业正在成为国家创新能力的核心和根本标志。多种多样的新型创新产业应运而生、蓬勃发展。数字经济的发展模糊了产业领域的界限，以及地理区域的限制，使得创新产业的发展更加开放、灵活、快速以及贴近用户。同时，互联网的连接性加大了创新产业的多元化，并在形式上降低了创业成本，鼓励融合创新、大众创新以及微创新。

第三，数据驱动型创新正逐渐蔓延至各个领域，成为国家创新发展的关键形式和重要方向。以信息网络为载体的各种电子产品和服务将人与人、物与物以及人与物紧密连接，数据体量爆发式增长。数据资源的丰富影响了传统行业的生产管理，甚至产业模式。工业、农业、服务业都通过数据分析加深对产业各环节的理解，优化资源配置，精准定位市场及目标客户。新兴产业通过大数据发现更多待开拓的商业领域，促进产业的多面发展和市场的繁荣。

3．数字化对人才构成需求的变化

数字时代对人才的要求不能仅满足于专业技能，数字技术已成为各行各业人才不可或缺的一项基本素质。计算机及移动设备在日常工作中的运用是各行各业在数字经济趋势下转型后的特点之一。能够使用数字设备，具备基础的计算机和网络知识，甚至利用工具实现简单的数据采集及整理工作，成为数字时代对劳动力的基本要求。企业对专业人才的要求也不仅仅局限于专业领域的知识与能力，对互联网技术的掌握也成为企业寻找人才的基本诉求。在互联网企业，信息技术人才的选拔同样也看重其对工业知识或者产业流程等知识的掌握。复合型人才已经成为企业与机构急需的劳动力类型。

各式各样的工作都对劳动力的数字素养提出标准更高的要求。《衡量数字经济：一个新的视角》中指出，ICT 行业对专业人员的需求超过 30%，但超过 60% 的欧盟劳动力认为自己的计算机技能不足以申请新工作。数字技术人才短缺的现象在世界各国都普遍存在，40% 的公司表示它们难以找到需要的技术人才。更为复杂的是，数字技术仅仅是一项基本要求，数字时代对人才的要求更加多元，跨领域技能、领导力以及创造力都将被列入考量范围之内。

随着数字经济在各行业领域的不断扩展，人们的工作形式和工作内容都在不断转变。劳动市场对人才的需求不再受到地域的限制，通过网络聘用个人甚至团体都成为新时代的新选择。此外，数据时代的推进使得大部分简单劳动力将被逐步替代，各行各业对工作和任务的要求会更加偏向对人类核心能力的应用且机器无法完成的工作，并配合科技的使用带来生产力的提升。

美国联合通讯社（The Associated Press）于 2014 年已经开始启用名为 Wordsmith 的写作机器人发布财经报道。相比人工撰写，Wordsmith 每个季度生成的报道篇数超出 4000 篇。在金融领域，人工智能也取代大批交易员，更快速有效地处理各种交易任务。德勤（Deloitte）在 2017 年发布的全球人才报告中提出，根据对全球 140 个国家的劳动力进行调查，41% 的公司表示它们已经在工作中使用了人工智能代替部分劳动力，34% 的公司正在对此开展试点项目。与此同时，职业技能的半衰期在不断缩短，员工必须持续学习新技能以应对动态变化的岗位要求。

（二）数字经济推动社会生活演化

政府、公共服务机构以及其他组织的机制与决策更加透明和高效。公民通过互联网进行信息传播、舆论监督以及诉求表达。这不仅为公民行使权利和义务开辟了新的渠道，也为政府收集数据，进行高效率的现代化管理提供了方便。此外，数字化的人才平台大大提高了人才市场供需匹配的效率，使得各行业在信息时代对人才多元化的需求被快速有效地满足。麦肯锡（McKinsey）指出，数字化人才平台将在 2025 年为全球 GDP（国内生产总值）总值贡献 2 兆 7000 亿美元，并提供 7200 万个全职职位。

数字经济的社会化融合改变了人们的生活、工作以及沟通方式，这种转变还在不断加速。它的出现极大地改变了个人、企业和社会之间传统的相互关系，并且与主要的社会经济系统产生重大的差异。数字技术的广泛应用减弱了国家与组织之间的物理界限，催生了众多民主参与、在线互动的网络社会圈与文化群，实现了跨越地域、种族、文化与宗教的互联。

另外，人与物、物与物的界限也都在被打破。人工智能（AI）、虚拟现实（VR）、增强现实（AR）等技术的发展使“人机融合”得以实现。信息物理系统，以及各种探测器的出现使我们身边的物体能够自我管理、收集信息、远程控制、实时交互，实现物与物之间的紧密协作。

综上所述，数字经济事实上是一种并行于工业经济、农业经济的经济社会形态。

（三）数字经济推动经济结构改变

数据体量的增长和产业的透明化逐渐打破了需求与供给之间的壁垒。信息技术的提升使得企业可以优化目标客户的搜寻过程，降低搜寻成本，从而优化供需端的经济结构，释放被浪费的资源，促进经济的增长。与此同时，大数据技术在用户需求的挖掘方面起到了至关重要的作用，企业能够通过数据进行用户画像，有针对性地设计更符合用户需求的产品，甚至实现面向更小众客户群体的个性化设计和生产，降低企业的供给成本。

此外，产业结构的优化与改变也催生了新的经济模式，如分享经济的产生，以及线上与线下融合的新产业模式。分享经济又称作“协同消费”，是指消费者利用线上、线下的社区（团、群）、沙龙、培训等工具进行“连接”，实现合作或互利消费的一种经济模式，包括在拥有、租赁、使用或互相交换物品与服务、集中采购等方面的合作。具有代表性的分享经济商业模式有Airbnb、Uber、滴滴出行、共享单车等。

线上与线下融合的新产业模式是指以线上平台为主要模式的企业开始发展线下服务，如开设门店、提供上门服务等，以及以线下经营模式为主的产业开始主动关注并搭设自己的线上平台，促进线上与线下统一发展的融合型经济模式。这种模式不但激发了市场活力，也优化了服务质量，扩展了个体总边际收益。

（四）数字经济对全球发展的影响

数字科技将全球各国更加紧密地联系在一起。在数字经济的影响下，电子商务、泛娱乐产业、信息服务以及人力资源都具有全球性。因此，世界各大组织均对数字经济保持高度关注。各国也纷纷推行相关政策着重发展数字经济，并制定了一系列区域合作发展策略。

中国在“一带一路”建设政策的制定与发展过程中，与多个国家进行政策协调，共建区域合作战略方针。2015 年 5 月 18 日，中俄代表在上海合作组织工商论坛上讨论了“上海合作组织与欧亚经济联盟的新形势新机遇，意向性合作和财务机制”。双方就合作方式，以及欧亚经济联盟与“丝绸之路经济带”的数字化对接问题进行讨论。除此之外，还包括东盟（Association of Southeast Asian Nations）提出的互联互通总体规划、哈萨克斯坦（Kazakhstan）提出的“光明之路”、土耳其（Turkey）提出的“中间走廊”、蒙古国（Mongolia）提出的“发展之路”、越南（Vietnam）提出的“两廊一圈”、英国（Britain）提出的“英格兰北方经济中心”以及波兰（Poland）提出的“琥珀之路”等。与此同时，中国与老挝（Laos）、柬埔寨（Cambodia）、缅甸（Myanmar）、匈牙利（Hungary）等国的规划对接工作也全面展开。目前，中国已与40多个国家及国际组织建立了合作关系，同30多个国家展开了机制化产能合作。

在2017年5月举办的“一带一路”国际合作高峰论坛上，中国进一步与多个国家和组织签署了一批对接合作协议和行动计划。包括：中国与蒙古国（Mongolia）、巴基斯坦（Pakistan）、尼泊尔（Nepal）、克罗地亚（Croatia）、黑山（Montenegro）、波黑（Bosniaand Herzegovina）、阿尔巴尼亚（Albania）、东帝汶（Timor-Leste）、新加坡（Singapore）、缅甸（Myanmar）、马来西亚（Malaysia）共同签署的政府间“一带一路”合作谅解备忘录;中国与联合国开发计划署（UNDP）、联合国工业发展组织（UNIDO）、联合国人类住区规划署（UN-HABITAT）、联合国儿童基金会（UNICEF）、联合国人口基金（UNPF）、联合国贸易与发展会议（UNCTAD）、世界卫生组织（WHO）、世界知识产权组织（WIPO）以及国际刑警组织（INTERPOL）共同签署的“一带一路”合作文件；中国政府与匈牙利（Hungary）政府签署的关于共同编制中匈合作规划纲要的谅解备忘录；中国与老挝（Laos）、柬埔寨（Cambodia）政府签署的共建“一带一路”政府间双边合作规划，等等。

资源的广泛传播与多方区域合作的全面开展，使得数字经济对全球各国的影响具有整体性。因此，数字经济局部的发展变化必将牵一发而动全身，直接或间接影响全球数字经济的发展。

第二节　数字经济政策综述

数字经济是建立在新一代信息技术之上的经济形态，其理论基础、发展规律与传统经济有很大不同。发展数字经济所需要的政策体系与传统经济也有很大差异，这对未来数字经济的发展提出了新的挑战。因此，需要在深化认识的基础上，研究出台与数字经济相适应的政策体系。

一、国内外数字经济政策

（一）中国现有的数字经济政策

1．国家文件和政策

从2012年开始国家出台了系列文件，对云计算、宽带中国、“互联网”和大数据、智能制造进行规划；2017年开始对共享经济、工业互联网、数字经济进行部署，在开展数字基础设施建设、加快行业信息化、鼓励竞争、降低税费、实行补助、政府采购、推动国际合作等方面制定了政策；2020年推出“数字化转型伙伴行动”，专门为中小企业提供数字化转型共性解决方案。

2．地方文件和政策

广东、浙江、贵州、广西等地出台了数字经济发展综合性规划，还有一些地区制订了大数据、“互联网+”等数字经济专项规划。地方政府侧重于规划发展方向、鼓励引进企业和人才给予经费补贴、落实税收优惠、加强金融支持、打造智慧城市等，在有限的条件下对数字经济给予力所能及的支持，但对于如何运用市场机制发展数字经济缺乏制度安排。

（二）国外的数字经济政策

1997年，日本最早提出“数字经济”，其后提出建设“超智能社会”。2010年，德国发布《数字德国2015》。目前，多数经济合作与发展组织国家出台了数字经济发展议程，普遍实行国家干预，部分由政府主导数字基础设施建设，普遍重视数字经济专业化教育，多数国家列出关键技术进行突破，强调对人工智能扶持，韩国还提出培育信息科技企业，等等。当然，在数字经济领域也有斗争，如美国凭借数字技术优势不顾各国主权强行推广“数字自由贸易规则”，并把中国列为“主要障碍国”，这是应该坚决反对的。

二、数字经济政策体系的理论依据

目前，数字经济尚处于起步阶段，还未形成国际公认的理论体系。但是数字经济实践对传统经济学形成了重大冲击，显示出与传统经济比较系统的理论差异，这为制定数字经济政策提供了重要依据。

（一）数字经济与传统经济的理论差异

数字经济是在传统经济基础上发展起来的，多数西方经济学理论仍然适用于数字经济，如“经济人”假设、产权理论、契约理论、分配理论等。但是数字经济也给传统经济学带来了改变。有些是对传统经济理论的补充和拓展，如网络理论在过去分工基础上更加强调协作；作为重要技术分支的数字技术，通过数字化赋能改变其他资源要素组合的禀赋，形成内生增长机制等。有些则是对传统经济理论的突破，甚至形成质变，如市场理论、边际理论、垄断理论、企业边界理论等。具体差异如下。

1．市场调控理论不同

在传统经济中，市场主体只有自发调节功能，而没有主动调控功能。在数字经济条件下，市场主体从过去的生产方、消费方两方，又增加了网络平台第三方。网络平台具有“看不见的手”和“看得见的手”两种功能。在这里“看得见的手”的主体不再完全是政府，或者说政府的调控职能部门让渡给平台。作为“看得见的手”，平台掌握市场供求等资源配置的信息，能够通过大数据对市场进行准确分析和预测，用大数据结果引导社会生产，增进全社会资源配置规划的科学性。平台也具有资源配置手段，既可以通过开辟新领域和强化资源定向配置，也可以通过技术手段（如算法和排序）引导资源配置方向，从而使平台具有部分宏观调控功能。

2．边际理论不同

在传统经济中，由于边际成本先减后增、边际收益先增后减，综合成本呈现前后两端高、中间低的“U”形曲线。在数字经济中，固定成本虽然较高，但比较稳定；边际成本较低，并且始终是下降的，当达到一定规模时几乎为零。如从网络上下载软件、电影、歌曲等数字产品，基本不需要新增加成本，但企业边际收益和社会总收益却是上升的。

3．供求理论不同

在传统经济中，市场价格由供需双方形成，产品因稀缺而增值，产品越多越贬值。而大数据产业则相反，数据作为重要的资产可以进行交易和分配，单一的数据并不值钱，数据越多越有价值，数据的个体和总量都会越多越增值。此外，在平台经济中，供需不能面对面协商形成均衡价格。一部分产品由供方根据供需调整价格，这与传统经济相似；还有一部分产品不根据供需调整价格，甚至宁可赠送也不调整价格，如一些专家的网络慕课。它既不能根据供需判断价格，也不能随时调整价格，因为它不像传统经济那样可以讨价还价和一对一降价，如果在信息公开状态下调整价格会引起纠纷，因而数字经济与传统经济的价格形成机制是不同的。

4．交换理论不同

在传统经济中，商品生产者出让使用价值才能获取价值，商品购买者支付价值才会拥有使用价值，所有权与使用权总是统一的；但在共享经济中，所有权与使用权基本上是分离的。共享经济也不同于租赁经济，区别在于租赁者虽然没有物品所有权，但有使用权和控制权；在共享经济中，缴纳租金和押金后仅获得了使用权，而没有所有权与控制权。以共享单车为例，使用者通过交押金和租金获得了使用权，但使用过程却是在所有者控制之中，一旦超出边界，其使用权就会受到限制。

5．企业价值理论不同

在传统经济中，企业价值的表现形式是办公楼、厂房、设备、技术；而在数字经济中，企业价值除体现在技术方面外，在很大程度上体现在资本市场对其成长性的预估中，如阿里巴巴、科大讯飞等“独角兽”的市值。虽然科大讯飞实际盈利情况并不乐观，但出于对其技术市场前景的预判，资本市场估值一直比较高。传统产业不具备高成长特性，虽然可能有较高的市值，但往往因不具备高成长性而没有更高的估值。

6．商业模式理论不同

在传统经济中，盈利点在于核心产品和主营业务；而在数字经济中，主要产品、主营业务相当一部分是免费的，从附带产品、附加业务中赚钱，盈利点是产品和服务收入来源之外的伴生利润。用户可以免费享受互联网企业提供的产品和服务，而网络企业的利润来自广告业务，其利润大小通常由网络企业服务人群的数量来决定。此外，传统经济盈利不分先后；而数字经济的服务平台都是先引起足够的客户关注，然后再利用客户规模盈利。有些平台甚至倒贴资金吸引客户注意，在客户达到一定规模后才能盈利，如起步阶段的滴滴出行等。

7．竞争理论不同

竞争理论是经济学的核心理论。竞争理论经历了漫长的发展演变过程，但无论是古典竞争理论，还是现代竞争理论，“竞争主体”至少是清晰和对等的，或者是企业的对等竞争，或者是商品的对等竞争，或者是环境、政策的对等竞争。但在数字经济中，“竞争主体”不一定是参与竞争的主体，如“跟谁学”与“钉钉课堂”两个慕课平台的竞争，人们优先考虑的不是慕课本身的功能，而是捆绑软件的附带功能，即“非竞争主体”功能。不少学校正是因为看重“钉钉”软件的钉盘、钉邮、打卡、通讯录、电话会议等“非主体功能”而确定选择“钉钉课堂”这一“主体功能”。因此，在数字产品竞争中，数字产品生态体系成为优先选择，而主体功能倒降为其次。在传统经济中“买椟还珠”、主次不分的笑话，在部分数字经济中竟成为知识。

8．垄断理论不同

在传统经济中的垄断相对容易认定，而在数字经济中，垄断往往是平台经济的存在形式，由于创新，先入市场者会自动获得50%以上的份额和市场支配地位，并且优势一旦出现就会不断自我强化，形成“赢家通吃”的局面。由于平台经济的特性，其后出现的竞争者往往与先进入市场者共同形成寡头垄断局面。在传统经济中市场一家独大或寡占时会降低资源配置效率，而在平台经济中的寡头现象是网络效应下规模经济的客观要求。因为平台越大，资源配置概率越高，对社会越有价值，越不会出现传统产业中寡头垄断造成资源浪费等损害市场的现象。

9．企业边界理论不同

企业规模大小存在边界。在传统经济中，企业规模取决于内部管理费用与外部市场交易费用的平衡，外部成本大于内部成本时企业规模就能扩大，内部成本大于外部成本时企业就需要拆分。在平台经济中，由于外部交易成本小，反而使企业始终处于扩张状态，数字平台控制的最优边界是“全域”。由于网络技术的发展，外部交易成本无限降低，管理幅度可以无限增大，直到信息和服务覆盖的“全域”边界。

10．货币理论不同

货币是所有者之间关于交换权的契约，传统经济的货币虽然与贵金属脱钩，但仍由发行机构进行信用背书。比特币等数字货币在货币职能方面与传统货币相同，但数字货币过去发行不依赖任何央行和政府，没有资产作支撑，也没有任何机构组织作信用担保。当然，数字货币的缺点并不是不可改变的。中国正在创新设计的以人民币为支撑的数字货币，兼顾了传统货币与数字货币的优点，未来发行后将在国际数字货币体系中占据重要位置。如果中国数字货币首先发行，将对美元流通监管霸权形成冲击。

11．信用理论不同

数字经济与传统经济都存在信息不对称的状况，尽管数字经济信息不对称性较弱，因此都注重加强社会信用建设。但传统社会信用主要来自权威机构，信用注重中心化、中介化，即信用是超大型机构建立的，需要中介服务行业在使用中强化信用。而数字经济的信用系统有去中心化、去中介化特征，特别是区块链技术，完全靠分散化信用支撑。或者说，数字社会更信任机器算法，如果算法的公正性出现问题，则会丧失社会信用基础。韩家平认为，在数字经济条件下的信用关系降低了交易摩擦系数，反而实现了更高效率的资源配置。

（二）数字经济与传统经济发展规律的差异

1．规划侧重不同

在传统经济中，政府对产业的规划原则是优化、平衡，选择若干重点产业、关键技术给予支持，支持方式以要素保障为主。在数字经济中的所有行业都应该发展，但数字经济的可复制特性需要重点规划能突破、可示范的领域。如广东省侧重构建“管运分离的管理架构、整体协同的业务架构、集约共享的技术架构”，贵州省根据优势确定了创建全国数字经济融合示范区、惠民示范区、创新新高地的定位，福建省则侧重打造让群众“不跑腿”或“少跑腿”的网络服务平台。在具体措施上，几个数字经济大省都注重建设试点和示范工程，无论是大数据、物联网、云计算、智能制造等数字产业项目，还是智慧城市、智慧医疗、智慧停车、智慧井盖等数字技术应用项目，只要试点成功，就可以低成本大规模推广，这也是与传统经济的不同点。

2．布局规律不同

传统经济按照经济地理学进行布局，讲究区位因子，把原料、燃料、劳动力、市场等区位因子作为布局考虑的主要因素，同时在空间布局上注重发挥聚集效益。数字经济按照新空间经济学进行布局，虽然同样考虑区位因子，只不过它的区位因子主要是人才，所以数字企业一般选择在人才比较集中的地方进行布局。同时，数字经济不太追求物理空间上的集中，而是讲求虚拟空间集中。即使是智能制造，也是在分散与集中相结合、虚实相结合、人机相结合的网络空间中。因此，追求物理空间与虚拟空间集中结合是数字经济布局的特殊规律。

3．建设规律不同

在传统经济条件下，政府要为企业创造良好的环境，包括建设“九通一平”（“九通”为通市政道路、雨水、污水、自来水、天然气、电力、电信、热力及有线电视管线，“一平”为土地自然地貌平整）的基础设施及学校医院等公共设施。在数字经济条件下，社会既需要为企业服务的产业互联网、数据中心和企业云等专业信息基础设施，也需要为群众服务的电子证照系统、社会信用平台、数据共享平台以及政务云等公共服务平台。这些信息基础公共设施比传统基础公共设施更需要讲究科学性、专业性、统一性以及操作便利性。因此，决策的科学性极为关键，需要做到各种信息设施博采众长、标准对接，同时成本和价格又具有竞争力，这对数字经济公共设施建设提出了更高要求。

4．技术发展规律不同

传统经济和数字经济都非常注重关键核心技术，强调自主知识产权的重要性。但传统经济的主要构成是硬科技，而数字经济多是硬科技和软创意的有机结合。数字技术可以由架构师把技术分为若干单元，安排全球最有优势的人才群体进行开发，然后集成为一项新技术。某一片段程序并没有价值，或者开发者不知其实用价值，只有系统集成后才具有价值。因此，华为公司在德国、俄罗斯、印度等多个国家设立了研究所，把不同技术单元安排在不同地区开发。也就是说，利用网状人才组织开发技术后进行系统集成，是数字技术不同于传统技术的特征，它为数字技术在更大范围内柔性研发提供了可能。

5．企业培育规律不同

传统企业发展瓶颈通常是资金、技术、人才、厂地等，政府通过给有市场前景的企业以帮助，促其快速做大做强。数字软科技企业的产生多来源于信息硬科技基础上的一种独特创意，发展得益于对经营模式的创新；或者说，数字企业的产生得益于企业家的相互启发、切磋、真传，如杭州在出现了阿里巴巴后，又出现了蚂蚁金服、点我达、数梦工场等二十多家数字“独角兽”企业。企业能否成长壮大，关键看它的创意和模式是否能够挖掘社会的潜在需求，政府对此力不从心，只能为创意者创造相互启发的环境。

6．监管规律不同

在传统市场只有生产方、消费方两方的情况下，政府只需要加强对生产方的监管，监管内容包括产品质量、能耗排放、纳税、信用等方面。在数字经济条件下，市场增加了平台方，平台具有半企业、半公共机构性质。因此，需要增加政府监管平台、平台监管企业、政府与平台合作监管企业三种新模式。政府对平台的监管侧重于对公平、安全、债务、权益等方面的监管，以使平台更好地发挥公共服务作用。

（三）数字经济的发展趋势

（1）从发展方向看，万物互联与全面智能化相互叠加是目标。人们将很快从互联网迈入产业互联网、物联网，在可预见时间内进入全面互联互通的时代，人、机器、设备、数据将全面联通，并实现人机实时交流互动，社会进入网络泛在连接与全面深度智能化双重叠加的高级信息化时代。

（2）从发展进程看，经济社会从单纯网络化向全面数字化、人工智能大规模应用迈进。随着网络进一步多功能化，价值网络化、制造智能化广泛应用，云计算等网络服务逐步普及，大数据更具开发利用价值，数字经济业态在经济中的比重上升。人工智能通过多学科交叉融合增强科学发现能力，通过强化语音识别、计算机视觉等扩展外界认知能力，通过与生产生活场景结合，能够逐步满足人们的更高期待。

（3）从发展任务看，当前需要重点做好产业互联网建设推广工作。数字化带来产业融合、生产方式融合，网上定制、柔性制造、远程操控将成为主流生产方式。与此相适应，需要做好产业互联网的建设和普及工作，通过它们重塑生产主体、生产工具、生产对象和生产方式，在虚拟时空中拉近生产、服务、消费的距离，以尽快提高经济社会效益，实现从传统经济向数字经济的动力变革。

（4）从发展要求看，不同层级主体的难题就是数字经济技术的突破口。对于国家来说，关键是做到数字技术领先、信息安全有保证；对于省市区来说，关键是加深“两化融合”，提高数字经济比重；对于市县来说，关键是加快数字技术应用，提高经济社会效益。对于企业来说，需要突破关键技术，所有核心技术都能自主可控；对于社会来说，要求数字技术应用更全面、生活更方便。例如，合肥市数据资源局征集意见列出了车位少停车难、看病耗时长、卡多烦恼等100个生产生活难题，针对这些难点利用数字技术创新应用，就能取得突破和进展。

（5）从发展影响看，数字经济引发的社会问题和法律问题需要引起关注。数字经济影响最直接、最紧迫的是就业，随着大量工厂的智能化生产，“机器换人”成为常态。与此相联系，大量工人收入增长减缓，甚至失去收入来源。由于数字经济总体趋向于垄断，收入差距会逐步扩大，社会财富将进一步集中。同时，网络化带来的技术风险、隐私与安全等问题增多，需要建立新的规则体系。

（6）从发展格局看，数字经济技术发展不平衡呈加剧趋势。从全球看，美国、中国、日本、英国、德国、韩国、俄罗斯、法国等少数国家依靠数字技术抢占竞争制高点，多数发展中国家数字技术落后，各国数字经济发展差距扩大。从国内看，数字技术创新集中在少数发达省份，如“独角兽”企业主要集中在“北上广深杭”。因此，中国引领“一带一路”数字经济技术合作会受到普遍欢迎，在国内促进落后地区数字经济发展也是努力方向。

三、数字经济发展需要的专用政策

（一）加强数字经济发展顶层设计和总体布局

1．完善管理体制

现在从中央到地方，各级信息管理机构都是网络安全和信息化委员会及其办公室，应改为信息化和网络安全委员会及其办公室。名称的改变表面上是顺序变化，实质上是工作职能的变化、领导力量的调整，即把工作重点和主要力量放在信息化上。实际上，建设的难度要远远大于管理，以信息化为主的管理体制有助于增强工业和信息化部门的权威。同时，应鼓励地方探索设立数字经济发展机构，如安徽本次机构改革，省市县增设数据资源管理局；条件成熟时再选择推行最合理的管理体制。

2．统筹数字经济技术发展

在梳理数字经济相关行业、关键技术基础上，不仅要对人工智能、大数据、云计算等数字产业有所规划，而且要对计算理论、数据挖掘、信息检索、机器学习、多媒体技术、推荐系统、人机交互等关键技术着手突破，还要对数字制造、数字组织、数字生活等多种应用场景进行重构再造。如人工智能、物联网等涉及的高端传感器种类繁多，大部分中国还不能生产。应规划不同单位承担不同技术攻关任务，避免大量技术无人进入和重复投入并存，形成各行业、关键技术、具体应用等领域全面发展、重点突破、相互衔接的数字经济技术生态系统。

3．优化数字经济技术区域布局

中国各地发展数字经济具有不同基础和优势，需要根据各地的特点实行差异化导向，鼓励发展数字经济技术的不同侧重点。例如，北京集中了全国数据总量的70%，因此，雄安新区应在发展云计算、大数据、金融科技等方面着力；广东省深圳市等地电子信息产业发达，产品技术配套容易，可侧重打造数字技术和数字产品高地；浙江省和福建省在信息硬技术与软服务结合方面有优势，可以在数字车间、网络定制、环境监测、决策优选、公共服务等方面进行试验，探索数字技术应用新领域。通过发挥各地数字经济技术优势，实行差异化发展，避免同质竞争、资源浪费，各地将来可以互学互鉴。

在会展经济大发展的时代，福建省福州市仓山区市场监督管理局着眼长效监管，制定《展会管理办法》，紧盯展前、展中、展后“三个环节”，构建场内监管、应急处置、部门联动“三大机制”，先后护航“518”、海丝电影节等72场展会和重大活动，促进了仓山区会展业市场监管工作规范化、制度化、常态化。

4．科学推动数字产业园区发展

数字经济聚集效应尽管较低，但仍有传统产业的聚集效应，企业聚集可以促进技术交流与传播。对于数字经济“硬件制造”产业园来说，生产成本、供应链和配套关系非常关键，目前应重点向新兴硬件产品过渡，实现产品更迭升级；对于数字经济“软件制造”产业园来说，过去多是外国软件“服务外包”业务，今后应向自主创新软件发展。与传统经济不同的是，数字经济物理空间不一定高度集中，政府可为企业创造“虚拟产业园”，依靠市场和技术力量促进数字企业虚拟聚集，产业形态从“聚集”转变为“聚合”，更加注重企业的内在联系与协作。

（二）功能性政策

1．主导新型信息基础设施建设

信息技术升级相应需要信息基础设施同步跟进。互联网从传输信息开始向传输数据资产过渡，需要通过技术升级转变为价值互联网，如发展数字货币需要建设新一代货币基础设施。无人驾驶汽车运行需要大量地面传感器，在高速公路及城市道路新建改建过程中，需要提前规划和建设。5G网络因为频率高而需要建设更多基站，需要对高速大容量光通信传输系统、5G通信网络等提前规划建设，支撑实现5G环境下的互联互通。同时，还必须努力降低数据传输、存储、交易和分析的成本，通过大规模应用实现快速发展。

2．筹划数字经济专用设施建设

当前最需要建设的是产业互联网平台，通过它在全球范围内快速聚集异地协同设计、网络众包等制造资源与需求，提升协同制造能力和国际市场占有率。国家应进行统一规划，研发产业互联网通用软件，解决研发设计与操作中存在的共性问题，让多数企业实现网络化智能制造。同时，由国家主导建设大数据基础设施、云计算中心，包括基础信息库，教育、医疗、交通、旅游、气象、环境、民政、文化、质量、安全、农业等各类专业数据库，实现政务数据和公共资源的“虚拟集中”，方便对外开展服务。对于以企业为主建立的大数据基地，如河北张家口、廊坊、承德等地，国家应通过规划引导其他新增服务器在此相对集中布置，既节约能源资源，又方便统一管理和开发使用。

3．营造数字产业创新生态

数字产业发展的好坏取决于它的发展生态，这种生态多数是自然形成的，但政府主动作为也非常重要。政府可通过整合资源打造数字产业众创空间、新型孵化器等，配合以“创业辅导、专业孵化、创业投资”相结合的创新辅助体系，构建创意、创新、创业有机联系并聚合共生、自我发展的数字产业生态圈。

4．集成优选数字应用方案

目前仅智慧城市建设就有多种方案，各有所长所短。如果不进行比对、集成、优化，不同城市会采用不同方案和标准，最后不仅会造成智慧城市多种多样，而且会各有所短、互联困难。在这种情况下，政府应及时介入，组织多个智慧城市方案设计单位，进行比对集成，确定基本建设单元和自选单元，制定标准体系，为将来不同智慧城市对接奠定基础。

5．推进公共服务数字化进程

数字经济的一个重要特点就是渗透性，它不仅能向所有产业渗透，实现产业数字化，而且能向所有公共领域渗透，做到所有政府机构服务数字化。如区块链技术方便数据并联处理和信息共享，应尽快在风险较小的政务审批“一网通办”中推广使用。鼓励政府所有公共服务领域加快数字化步伐，在扩大数字产品和技术应用的同时，提高政府的服务质量和群众便捷度。

6．实现数据资源的开放和交易

现在政府公共部门有大量数据，但由于习惯和保密原因一直未能公开。要把数据资源变成产业，需要国家或地方研究出台数据开放政策，对于政府部门的大量不敏感和低敏感数据，应允许脱敏后公开进行交易。建立公共数据“负面清单”，界定数字企业向政府免费提供和有偿转让的范围，同时鼓励行业协会、科研机构、社会组织等单位向社会公开非涉密数据。对于具有经济价值的数据，应依托企业建设数据交换交易平台，建立正常的数据交换和流通机制，形成数据交易市场。政府先以“政策”形式探索建立数据交易的程序、标准、规则和制度，条件成熟后再上升为法律。

（三）选择性政策

1．增加对数字基础软硬件产业的扶持

在数字经济领域，中国在基础科学方面比较薄弱，而在应用环节投入较大，因为企业更重视容易带来效益的应用产业和应用领域，如智慧城市、物联网、多媒体技术等，尤其注重为行业企业提供产品、服务和解决方案，以商业化达到快速发展的目的。近年来，在国家引导下，中国在计算理论、算法等基础层和芯片、传感器等核心元器件方面有了快速发展，但与美国仍有较大差距。中国软件规模不小、应用广泛，但软件自主可控能力较弱。社会大量使用的基础软件包括操作系统、数据库、联结系统软件与应用软件的中间件，还多是国外产品，应对全国使用的基础软件进行筛查，根据安全程度和影响范围开展替代软件的编制。总之，通过增加对数字经济基础理论、核心元器件、基础软件的投入，夯实发展基础，避免关键节点受制于人。

2．集中力量突破关键数字技术

数字经济发展需要关键技术、关键环节的突破，例如，大数据产业的数据挖掘技术，产业互联网的精准控制和感知技术，人工智能发展需要的综合感知、逻辑推理等技术。特别应在高端芯片、量子计算等领域取得突破，以在未来国际竞争中占据有利位置。更重要的是，应从关键技术中区分可悟技术与非可悟技术，对必须耗时积累的非可悟技术投入更多时间和人力、财力、物力。

3．扶持“两化融合”示范企业工程

目前“两化融合”（即信息化和工业化的高层次的深度结合）进展不够理想，原因是体制不顺、优质方案供给不足。多数企业搞 IT（互联网技术）的不懂产业，搞产业的不懂 IT，拿出的方案、产品、软件不能满足企业要求，更不能让行业内其他企业看到“两化融合”的投资价值。如钢铁行业，多数钢铁企业“两化融合”不成功，但上海宝钢由于产业人才和IT人才互懂对方专业和语言，因此“两化融合”比较成功，其方案可供其他企业学习借鉴。对于国家来说，应该每个行业选择一两个龙头企业进行扶持，鼓励率先进行数字化改造，对其成功的“两化融合”方案、产品、软件向全行业有偿推广。

（四）竞争性政策

1．鼓励和放开数字技术应用服务竞争

整个社会需要高品质服务，不同群体还需要差异化服务，这为数字应用服务提供了竞争空间。应推行总分经营模式：对于数字经济基础设施和骨干网络，应由国有企业投资，采用统一技术标准；对于应用技术和增值服务、延伸服务，应由民营企业进行竞争性运营。政府鼓励和放开竞争，利用竞争机制激发创新创造活力，提供更加丰富有效的数据工具，挖掘数据利用深度，提高服务质量，并最大限度地降低成本。

2．慎重判定垄断

数字经济与传统经济在垄断上有很大差异，由于网络效应赢者通吃，按照传统观点应该判定为垄断，但数字经济的动态效应决定了多数垄断不会持久，由于颠覆性创新会迅速打破，当然，也存在强者恒强的现象。现有反垄断规则主要针对静态工业经济，对于动态的数字经济却不适用。对数字化企业是否垄断应纳入更多新因素进行评估，目前应慎重判定垄断，根据一段时间的经验积累再制定政策。

（五）拓展性政策

1．积极参与和主导全球平台经济建设

目前中国电子商务等平台经济走在各国前列，随着各国对本地产品外销需求的增长，建立涵盖多个国家、运用多种语言、支付不同货币的全球电子商务系统成为可能。2019年，在瑞士达沃斯论坛上76个国家签订了共建电子商务论坛协议。中国应主动帮助不发达国家建立电子商务系统，纳入全球电子商务平台和仓储物流系统。积极推广中国网上支付系统，鼓励与中国开展的电子商务采用人民币结算，努力通过跨境电子商务促进中国的国际贸易和人民币国际化。

2．主动开展国际数字经济技术合作

以人工智能为例，它不单纯是一项技术或技术组合，而是涉及所在国家的大数据基础。如果没有所在国家的数据支撑，人工智能就会“水土不服”、智力不足。因此，对于在语音识别、计算机视觉、人机交互等应用领域取得一定成就的企业，应鼓励其与其他国家企业合作，利用对方的数据信息提高人工智能的适应性，在共同进步中拓展业务范围。对于大数据、云计算等，从技术开发后期就合作，有利于避免技术成熟推广时被大国“封杀”的被动局面。如5G技术如果早一点与德国、法国合作，或允许它们参股，在全球布局时就会水到渠成。当然，这是企业行为，政府只能引导和服务。

四、数字经济发展需要的通用政策

（一）要素政策

1．人才政策

“根据2018年牛津大学对全球算法人才的研究比较，中国算法人才仅占全球的13.1%，美国占26.2%。”随着数字经济的深入发展，更缺少懂信息技术的复合人才，如懂编程和区块链技术的会计才是好会计。应从三个方面解决人才问题：一是引进人才，出台与收入、职称、住房、子女教育、绿卡相关的政策，吸引留学数字技术人才回国。二是使用人才，鼓励有条件的企业在国外设立实验室招收高层次人才工作，或安排课题在国外招标完成。三是培养人才，除在高校培养人才外，要更加注重通过学术交流、工作使用、团队思想碰撞等方式，在实践中培养出所需要的人才。

2．金融政策

虽然数字经济是高新技术产业，但由于没有抵押物，申请贷款比较困难。近年来，在去杠杆过程中，不少软件企业融资环境不但没有改善，反而有所恶化。有些软件企业过去是小微企业时享受低利息贷款优惠政策，成长为中型企业后贷款反而更加困难。解决融资问题有三条途径：一是完善科技金融协同服务体系，创新科技信贷产品和模式，更好地服务于数字经济发展。二是在各地新兴产业基金中设立数字经济专项，改进基金运作方式，发挥基金管理机构对数字经济投资项目的选择主导权。三是充分利用数字企业对资本市场的吸引力进行直接融资。

3．土地政策

数字经济除少数制造、存储企业需要土地外，多数企业更需要吃住方便的写字楼。数字企业需要的建设用地，因为用地量小和高新技术的原因，各地都比较容易满足。现在需要从促进发展的角度满足数字企业的特殊空间要求。一是在大城市周边规划设置专业化的数字经济小镇，安排一个或多个数字产业聚集发展。二是在城市内部规划建设符合数字经济发展要求的产业社区，提供所需要的基础设施和配套服务。三是利用城市“退二进三”（缩小第二产业，发展第三产业）的机会，对搬迁后的企业厂房、办公室进行改造，满足初创数字企业低成本发展的要求。

（二）财税政策

1．税收政策

目前数字企业均享受高新企业通用优惠政策及对软件和集成电路企业的专门优惠政策，将来条件成熟时再根据不同数字产业的特点研究出台有针对性的税收优惠政策。最重要的是落实退税政策，按规定软件企业缴税即征即退，但实际上做不到，有些地区需要找熟人沟通，有时晚几个月，将来需要纳入法制化、规范化渠道。

2．财政政策

数字企业从过去低竞争、高利润逐步发展为高竞争、低回报、见效慢的企业，一些数字企业甚至“独角兽”企业也在重新洗牌。数字经济发展主要靠市场竞争，但财政政策也可以有所作为。例如，采取贷款贴息、融资增信、代偿分担等方式，降低数字企业的投入和运营成本；实行奖补政策，对数字经济平台建设、工业 App 开发、检验检测、跨界合作、优秀解决方案等给予一定补贴，以推动数字经济相关领域的创新发展。

3．政府采购政策

在数字企业发展初期，政府采购有重要帮助作用。应完善政府采购配套政策，如针对目前云服务发展趋势，政府应从自己建设转为采购第三方云服务。在招标中优化程序和服务，如目前数字项目招标都需要缴纳保证金，对于中小数字企业来说是一笔不小负担，保证金完全可以通过银行出具担保函来代替，政府需要出台相应政策。

4．降成本政策

云计算中心、超算中心、灾备中心，特别是大数据运算存储基地耗电、耗水、占地，多数大数据存储基地建在不发达地区，如贵州、黑龙江、宁夏、河北张承地区。该产业拉动当地经济和就业增长很少，但作为数据仓库，投入多、维护费用高，如果用户少、收益低，对投资者具有较大风险。应执行两部制电价，完善信息基础设施用地、用水扶持性政策，进一步降低企业建设和运维成本。

（三）企业政策

1．裂变政策

数字化企业受时空限制小，企业裂变后可以利用母公司的成功模式，快速实现企业裂变后的几何级增长。如京东数字科技公司裂变出京东金融、京东农牧等多个子公司，每个子公司立足原企业模式，通过绑定高管与公司利益调动其积极性，迅速开辟新业务并发展壮大。政府应因势利导，促进优势数字企业进行裂变，在防止数字企业垄断的同时，推动企业拓宽经营领域并形成新的竞争优势。

2．扩张政策

对于具有市场前景的数字企业，引导其采用众筹、众包、“互联网 +”、“区块链 +”等新模式，快速解决其发展需要的资金、技术、市场、管理问题，使其迅速发展壮大。对于非数字企业，政府应提供系统化解决方案，引导其开展数字化、智能化改造，促进技术升级、降本增效，提高扩张能力。

（四）社会政策

1．就业政策

数字经济能创造就业机会，但更会减少大量就业机会，特别是人工智能的运用，将使社会用工呈现减少趋势。如高校的化学实验是一项比较复杂的工作，现在已经能够用智能机器人代替。对于企业来说，追求效益最大化是主要目标，为保持领先地位很少会顾及自动化对员工造成的损害。对于政府来说，就业优先是目标，但面临人工智能发展与就业二选一时，不能期望企业家站在道德制高点上谨慎裁员，应尊重企业选择人工智能而逐步裁员的事实。因为各国人工智能生产和使用企业都面临着劳动生产率的竞争，千万不能为了扩大就业而限制人工智能的发展和应用。

2．教育政策

“根据世界经济论坛数据，今天上小学的孩子有 65% 最终将从事现在还不存在的全新职业。”今后十年传统产业就业会大幅减少，与数字经济有关的就业会成倍增加。这要求中国从现在开始就着手大、中、小学教育内容和教育体制的改革：教育应从以死记硬背为主转向以探索问题为主，考试应从以标准答案为主转向以独立思考为主；同时调整高校学科结构，减少传统学科和就业困难的专业，增开与高新技术，特别是与数字经济有关的专业，使教育结构更加适应未来人才需求。

3．分配政策

由于数字经济，特别是人工智能的发展，财富出现越来越集中的趋势，因为人工智能创造的价值会逐步高于自然人。北欧少数国家开始试行“一人一份工资”模式；美国华裔总统候选人杨安泽的竞选纲领是“联邦政府给每个 18 ~ 64 岁的美国人每月发放 1000 美元的基本生活费”，这实际上是西方福利模式的增强版。数字经济时代需要通过重大改革来实现政治、经济和社会的再平衡。当然，中国将来即使实行“一人一份工资”，也不是救济和福利，而应把过去属于公益活动的工作，如陪护老人、植树等，让大家参与其中，在公益工作中获得收入并感受人生的价值。

总之，促进数字经济发展需要研究出台多方面政策，应注重叠加使用，放大政策效果。只要不断总结数字经济发展规律，建立起完备的政策体系，充分发挥其引导和促进作用，数字经济就能得到快速健康发展。

第三节　数字经济的新特征

新产业是新旧动能转换的支撑，而数字经济已经成为世界各国国民经济中最具活力且重要性不断加强的领域。数字经济作为新动能不断发力，是与以下四个新特征紧密联系在一起的。

一、颠覆性变革不断涌现

科技创新是经济发展的根本推动力。任何产业的发展都离不开技术的变革，但是数字经济与传统产业领域的创新存在巨大的差异。克里斯滕森在对传统产业研究的基础上提出了“颠覆性技术”（disruptive technologies）的概念。他认为，持续性技术（sustaining technologies）是针对市场上主流客户长期关注的性能，对成熟产品性能的改进，而颠覆性技术带来了主流客户所忽视的价值主张。一般来说，颠覆性技术往往从利基市场或新出现的需求起步，通常价格更低、性能更简单、体积更小，便于客户使用。即使颠覆性技术或颠覆性创新对领先企业形成巨大挑战甚至导致领先企业失败，但其着眼点仍在传统企业，创新的频率、影响力和广度都无法与数字经济相比拟。

当前，新一轮科技革命和产业变革正在全球范围内兴起，数字技术、先进制造技术、新材料技术和生命科技加快成熟和商业化，其中包括互联网、移动互联网、云计算、大数据、物联网、人工智能（AI）、虚拟现实（增强现实 / 混合现实）、区块链、3D 打印等在内的数字技术无疑是新科技革命和产业变革的核心驱动技术。与传统产业相比，数字经济的创新呈现创新频率高、影响大和覆盖范围广的特点。具体体现在如下几个方面：一是创新频率高。传统产业的技术相对比较成熟，技术突变少，新技术多与原有技术存在相似性和演进上的连续性。即使出现颠覆性技术，当其成为行业的主导技术后，也会进入一段持续时间较长的技术稳定期。例如，液晶电视取代阴极射线管电视、智能手机取代功能手机后，电视、手机的技术路线已经保持十余年的稳定，新技术主要是对产品性能的进一步提升。而在数字经济领域，持续不断地有新技术成熟并进入商业化阶段，形成新产品或新的商业模式。二是影响大。数字技术或新一代信息技术是典型的通用目的技术（general purpose technology，GPT）。通用目的技术具有得到广泛应用、进行持续的技术改进、可以在应用领域促进创新等特征。也就是说，通用目的技术不仅能够在多个行业甚至国民经济和社会的更广泛领域获得使用，而且会使其他产业的产品形态、业务流程、产业业态、商业模式、生产方式、组织方式、治理机制、劳资关系等方面产生颠覆性变革。三是覆盖范围广。在传统产业，颠覆性创新的发起者大多来自行业内部，是行业的其他在位者对领导者的挑战。而就数字经济而言，颠覆性创新不仅由行业内部的在位企业发起，而且竞争的范围已经超越行业的边界，颠覆性创新经常来自产业之外，形成跨界竞争、降维打击的特点。例如，近年来中国移动的短信发送量严重萎缩，不是来自其他运营商的竞争，而是由于微信成为更为便捷的日常沟通方式，取代了短信的功能；康师傅方便面销量的萎缩，不是因为其竞争对手占据了更多的市场，而是蓬勃发展的外卖能够方便快捷地满足人们的用餐需求。即使一些看起来市场地位牢不可破的行业龙头，也由于颠覆性创新的出现而受到较大挑战。例如，大多数人都曾认为，电子商务市场已经形成阿里巴巴与京东双头垄断的市场格局，但没有料到拼多多另辟蹊径迅速发展壮大；微信的市场地位也曾貌似牢不可破，是用户停留时间最长的 App，但字节跳动以今日头条和抖音两款产品抢走了微信的大量流量。

从总体来看，传统产业技术创新的突变较少，且技术仍然主要延续原有的路线，造成传统产业具有路径依赖的特征，在位者的领先地位一旦建立就很难撼动，无论是新企业进入，还是一个新地区要发展，都面临难以跨越的进入壁垒。例如钢铁行业，尽管我国钢铁总产量持续增长，但已经很难有新企业进入，增量市场份额也只是在位企业间的瓜分。相反，数字经济领域颠覆性创新不断涌现，且技术、商业模式的发展方向难以预测，提供相同或相似效用的在位企业在新技术领域并不具备明显优势，甚至由于战略刚性对新的技术变革反应迟钝，因此在数字经济领域，无论对于国家、地区还是企业均存在大量“换道超车”的机遇，初创企业总会有机会在某些新产品或新模式创新中取得领先地位并进而发展成为大企业，而后发国家和地区也有机会在新技术、新产品、新模式、新业态所形成的新产业中占有一席之地，甚至取得世界领先地位。

二、平台经济与超速成长

在数字经济条件下，平台经济成为不同于传统产业的新型生产组织形态。平台是将不同用户聚集在一起的中介和作为用户活动发生的基础设施，是“一种基于外部供应商和顾客之间的价值创造互动的商业模式”，或者是“一种将两个或者更多个相互独立的团体以供应的方式联通起来的商业模式”。平台是一种典型的双边市场，一边连接用户，另一边连接为用户提供商品或服务的供应商，并成为二者的信息撮合媒介和交易空间。典型的平台如网购领域的天猫、京东以及社交领域的微信。根据供应商的来源和性质不同，平台可以划分为不同的类型，其中共享经济是近年来发展尤为迅速的一种。共享经济是“利用新一代信息技术平台，将个人或企业等组织闲置或未加充分利用的商品、技能、时间、生产设施等资源，以较低的价格甚至免费的方式提供或转让给需要的个人或企业使用的一种新型的资源配置方式”。典型的共享经济模式如网约车领域的滴滴出行、Uber，房屋出租领域的小猪短租、Airbnb，知识分享领域的知乎、Quora，技能分享领域的猪八戒，时间分享领域的亚马逊劳务外包平台 Amazon Mechanical Turk（AMT），等等。生产力的发展，特别是计算机、云计算的普及，使普通人得以拥有进行生产活动的工具，从而能够摆脱对企业组织及其生产工具的依赖。再加上生活水平提高后，人们希望追求工作时间上的自由，自我雇佣受到越来越多人的青睐，“一种持续时间不确定的工作”（即“零工经济”）开始兴起。“零工经济”的发展同样需要能够撮合劳动的供给方与工作或劳动成果需求方的工作平台。此外，越来越多产品或项目的开发、生产和维护不是企业化运营，而主要通过共同的兴趣爱好把众多分散的个人聚集到一个平台上，形成社会化的生产模式，如以维基百科为代表的众包模式，开源社区、慕课等。可以说，平台已经成为数字经济领域最常见的一种商业模式和生产组织形态。

在传统经济中，企业将具有所有权或使用权的商品或服务销售给其用户，而在平台经济中，平台可以充分调动平台之外的供应商（企业或个人）为平台另一侧的用户提供商品或服务，平台企业自身只需致力于平台这一基础设施的建设。平台企业通过高效运转的平台实现供需双方的对接，其本身并不拥有在平台上所交易的商品或服务。正如 Goodwin 形象的总结："Uber，世界上最大的出租车公司，不拥有自己的汽车；Facebook，世界上最流行的媒体所有者，却不创造内容；阿里巴巴，最有价值的零售商，却没有自己的存货；Airbnb，世界上最大的住所提供商，却没有自己的不动产。"在传统产业中，企业成长主要依赖于自身的资源和能力。即使企业可以通过融资、兼并等活动加快扩张发展的速度，但仍然要受制于企业自身的资源和能力。但资源的积累和能力的形成、发展受到各种各样的限制，且往往需要经历一个较长的时期，造成企业的成长速度有限。但平台企业可以利用外部的个人或企业作为其产品或服务的供应商，而且互联网是没有边界的，只要一根网线相连，分布在世界各地的个人或企业都可以成为一个平台的供应商。因此，平台打破了企业自身资源、能力对成长的束缚，平台企业的成长速度要比传统企业快得多，从而数字经济的增长速度要比传统产业快得多。从 2007 年第四季度的世界 10 家市值最大的公司中，只有微软一家是平台企业，到 2017 年第四季度则有苹果、Alphabet（谷歌的母公司）、微软、亚马逊、Facebook、腾讯、阿里巴巴七家公司是平台企业。独角兽（unicorn）企业是在某个专业领域处于领先地位且估值超过 10 亿美元的未上市公司，大多数独角兽企业属于初创企业。从独角兽企业的成长同样也可以看到平台企业的超速成长规律。在 CB Insight 2017 年公布的世界独角兽企业中，中国估值排名前十位的独角兽企业成立时间最早的大疆创新也不过 10 年时间，估值最高的滴滴出行只用了四五年的时间就达到 500 亿美元的估值。在传统经济时代，一家公司从成立到成为 10 亿美元以上估值或市值的公司需要长达几十年时间。而 BCG 等机构联合发布的一份报告显示，美国"独角兽"企业从创立到估值达到 10 亿美元平均需要 7 年，2 年以内成为独角兽的企业约占 9%；中国"独角兽"企业从创立到估值达到 10 亿美元平均只需 4 年，2 年以内成为独角兽的企业约占 46%。

三、网络效应与"赢家通吃"

"旧的工业经济是由规模经济驱动的，而新经济的驱动力量是网络经济。"网络效应是网络型产业，特别是数字产业的典型特征，简单地说，就是大网络比小网络更具吸引力。网络效应或网络外部性有三种类型，分别是直接网络效应、间接网络效应和跨边或双边网络效应。直接网络效应是指一种产品或服务的用户数量越多，该产品或服务带给用户的价值越大。典型的如电话，当只有一个人拥有电话时，电话对用户的价值为零；随着拥有电话的人数越多，每一个电话订户能够联系到的人越多，电话对用户的价值越大。间接网络效应是指一种产品或服务的互补品的数量越多，它能够给用户带来的价值越大。典型的如计算机操作系统，操作系统本身具有的功能有限，计算机性能的发挥取决于运行于操作系统上的应用软件的多寡，软件越丰富，该操作系统带给用户的价值就越大。跨边或双边网络效应是指平台能够带给一侧用户的价值取决于平台另一侧的用户数量，一侧的用户数量越多，带给另一侧用户的价值越大。典型的如网约车服务，使用网约车 App 的用户越多，意味着更多的需求，更多的需求可以吸引更多的司机，更多的司机的加入使得网约车服务覆盖的地理范围更广，从而司机接单更快，用户打车更容易，价格更低，这又会进一步吸引更多的司机和用户使用。

网络效应的存在意味着当企业在具有网络效应的市场中竞争时，如果一家企业的产品或服务能够更快地获得足够数量的用户或供应商，那么正反馈机制就会发生作用：更多的用户或供应商使该平台的价值更大，从而进一步吸引更多的用户或供应商入驻该平台。反之，如果该企业不能够获得足够数量的用户或供应商，负反馈机制就会发生作用，从而在竞争中落败。传统产业进入成熟期后，虽然也会有一些企业市场份额处于领先地位，但整个产业通常会有多家规模相对较大的企业，形成多家企业共同瓜分市场的垄断竞争格局。就数字经济产业而言，由于网络效应的存在，往往是最早引发正反馈机制的平台成为最终胜利者，而且将会赢得大多数市场份额，即呈现所谓的“赢家通吃”特征。

从国家或地区产业发展的角度来看，人口数量大、购买力强意味着具有数量更多的潜在用户，这就为正反馈机制的启动和网络效应的发挥提供了条件。目前，世界上数字经济发展形成了美国与中国两强并立的格局，美国与中国的数字经济规模分居世界第一位和第二位，两国集中了世界上区块链相关专利的 75%，物联网全球支出的 50%，云计算市场的 75% 以上，世界上最大 70 个数字平台市场资本化价值的 90%。在 CB Insight 公布的 2019 年独角兽企业名单中，全球共有独角兽企业 391 家，估值总额 12 134.6 亿美元，其中，美国独角兽企业 192 家，估值总额达 6035.6 亿美元，分别占世界的 49.1% 和 49.7%；中国独角兽企业 96 家，估值总额达 3539.7 亿美元，分别占世界的 24.6% 和 29.2%；排名第三位的国家的独角兽企业数量和估值额仅占世界的 5% 左右。两强并立的数字经济格局与其经济地位和巨大的人口规模是一致的。中国具有世界上最大的人口规模，网民数增长很快，而且网民的年龄结构相对比较年轻；中国政府长期以来高度重视通信基础设施的建设，移动网络基本覆盖到村，而且连续多年的“提速降费”和智能终端价格下降大幅度提高了互联网的普及率；世界上最大的制造业能力和物美价廉的制成品价格、相对较低的工资水平，为中国数字经济发展提供了丰富的产品和劳动力供给。人口规模优势在中国数字经济的发展中发挥了重要的作用。需要注意的是，“赢家通吃”并不意味着“赢家”的地位无法撼动，如果“赢家”创新乏力或缺少对用户的关注，也可能会导致产品吸引力的下降；竞争对手也可以在细分市场中进行差异化竞争，或者开发出性能更加优异，从而技术功效优势能够抵消因自身用户规模小而带来的“网络效应”弱势的产品。

四、“蒲公英效应”与生态竞争

仙童半导体公司（Fairchild Semiconductor）无论是在硅谷历史上还是在半导体产业发展史上都是一家举足轻重的公司。硅谷有92家公司可以直接追溯到1957年成立的仙童半导体公司，前仙童员工创立或由前仙童员工成立的公司参股、投资的仙童“校友”公司高达2000多家，Instagram、Nest、YouTube等公司都与仙童半导体公司渊源颇深。史蒂夫·乔布斯曾这样形容仙童半导体公司：“仙童半导体公司就像个成熟了的蒲公英，你一吹它，这种创业精神的种子就随风四处飘扬了。”互联网产业发展早期出现的在线支付工具贝宝（PayPal）的早期成员后来创立了包括电动汽车后起之秀Tesla、火箭发射的颠覆者SpaceX、最大的视频网站Youtube、最大的求职网站LinkedIn、美国最大的点评网站Yelp、企业内部社交网络Yammer等在内的数十家公司，贝宝的早期成员也被称为“贝宝黑帮”（PayPal Mafia）。同样，在中国也出现了数字经济公司扎堆聚集的现象，这些公司许多都与早期的互联网公司或目前的互联网巨头有着千丝万缕的联系，正如蒲公英一样，把数字经济发展的种子撒播下去并萌发出一片绿色的田园。

一个国家或地区产业的竞争，不是单个企业之间的竞争，而是包括整个产业链上下游企业和配套企业、基础设施在内的整个产业生态的竞争。良好的基础设施、完善的上游配套、各种类型的生产性服务企业的聚集，有利于促进产业创新、降低生产成本。其中，大企业在一个地方的落户或形成对当地产业生态的完善具有至关重要的作用，在数字经济领域表现得尤为明显：第一，大企业会带动大量配套企业的聚集。在高度专业化的现代经济中，大企业一般专注于产业链的关键环节，其他投入要素通常从市场购买，因此随着企业由小到大的发展壮大，会在其周围聚集一批配套企业；大企业到某个地区进行投资，更会直接将自己的供应商带动过去。第二，大企业是中小企业生成的母体。大企业拥有众多的业务部门和业务环节，这些部门和环节的发展壮大有可能独立出去成为新的企业。近年来，越来越多的大企业开始鼓励内部创业、进行风险投资，从而带动与其在所有权上具有紧密联系的中小企业的发展。大企业在技术、管理、供应链、渠道等方面都具有优势，能够培养大量的科技和管理人才，其中一些高管成为投资人，一些人才离职创业，都会促进中小企业的大量形成。数字经济领域的颠覆性创新层出不穷，许多新领域的创业者来自大型互联网公司。第三，大型平台企业为中小企业搭建了成长生态。为了建立用户基础、实现“赢家通吃”，平台型企业本身需要吸引供应商为平台另一侧的用户提供服务，因此大型平台企业会支持互补品供应商发展，而平台作为一种基础设施也能够降低中小企业的进入门槛。第四，已有的数字经济企业会孕育新技术、新产业。数字经济领军企业为了更好地发展现有业务或更好地支撑生态企业的发展，具有采用新技术的内在动力，新技术与它们既有的优势相结合还可能产生化学反应，形成具有巨大成长潜力的新产业。云计算、大数据、人工智能、金融科技等数字经济前沿技术与新兴产业的领先公司以原有的互联网企业为主。例如，亚马逊、阿里巴巴将它们冗余的计算、存储能力外销，带动了云计算产业的发展；人工智能成为大型互联网公司必不可少的基础技术。

第二章　数字经济是推动经济发展的新引擎

第一节　发展数字经济的特殊意义

数字经济的迅猛发展深刻地改变了人们生活、工作和学习的方式，并在传统媒体、商务、公共关系、电影、电视、出版、娱乐等领域引发深刻变革。发展数字经济正成为信息时代的最强音，对中国而言更具有特殊意义。

一、全球经历数字经济变革

以计算机、网络和通信等为代表的现代信息革命催生了数字经济。数字经济似乎并没有产生任何有形产品，但它可以辅助设计、跟踪库存、完成销售、执行信贷、控制设备、设计计算、计费客户、导航飞机、远程诊治等。

（一）数字经济加速经济全球化步伐

数字经济促进人类社会发生一场划时代的全球性变革，推动人类更深层次跨入经济全球化时代。例如，数字网络的发展以及“赛博空间”的出现，全球化不再局限于商品和生产要素跨越国界流动，而是从时空角度改变世界市场和国际分工的格局；经济数字化拓展了贸易空间，缩短了贸易的距离和时间，全球贸易规模远远超越了以往任何一个时期；凭借数字网络技术的支持，跨国公司远程管理成本大幅度地下降，企业活动范围更加全球化。美国《财富》杂志在分析全球最大 500 家跨国公司排名变化后认为：“全球化色彩越浓，大公司利润越高”。“一个更大、更富裕的世界”将随着全球化大发展而出现。因此，数字经济加速了信息、商品与要素的全球流动，推动了经济全球化进入一个新的发展阶段。

（二）数字经济软化全球产业结构

在数字经济时代，数字网络技术的创新及广泛应用推动了全球产业结构进一步知识化、高科技化，知识和技术等“软要素”正在取代资本和劳动力成为决定产业结构竞争力的重要因素。全球产业结构软化趋势愈加明显：一是出现知识驱动的经济发展模式。新一代信息技术蓬勃发展，跨国 ICT 企业加速市场扩张与产品创新步伐，世界各国都在大力发展信息技术产业，实现知识驱动的经济发展模式。二是传统产业加强与信息产业的联系。由于计算机与数字技术带来高效的生产效率，传统产业不断加强与信息产业的前向联系和后向联系，以便拥有更强的产业竞争力和创造更高的产业附加值。三是新型服务业方兴未艾。由于信息技术的普及和创新，计算机和软件服务、互联网信息服务等新兴服务业迅速崛起，电子商务、网络金融、远程学习等新型服务业方兴未艾，知识化、信息化、智能化正在成为全球服务业未来发展的新方向。

（三）新的数字技术助推数字经济和社会发展

移动、云计算、社交网络、传感器网络和大数据分析是当今数字经济中最重要的技术趋势之一。总的来说，就是“智能一切”，即网络和数字化连接家庭、医疗保健、交通、业务流程和能源，甚至政府管理和社会治理。这些新应用依赖于固定和无线宽带网络，以及在互联网上连接的设备，满足不断增长的经济和社会需求。例如，在经济合作组织国家，家庭智能设备从 2013 年的 17 亿美元增加到 2022 年的 140 亿美元。收集的数据将以 M2M（machine-to-machine）方式实现大规模处理数据的“云计算”服务，搜集、处理和分析海量数据，这一方式改变了信息处理的时间量级，被称为“大数据”技术。这些现象共同构成了“智能网络的构建模块”，带动了社会的整体发展。

（四）移动宽带应用加速数字产品普及

互联网普及率的提高，极大地受益于移动基础设施的发展和资费的下降。经济合作与发展组织国家的移动宽带渗透率从 2014 年的 76% 增加至 2016 年上半年的 85.5%。在许多新兴和欠发达的国家，移动宽带连接也被广泛提供，使得这些经济体的互联网接入大幅增加。例如，在撒哈拉以南非洲地区的移动宽带订阅量从 2010 年的 1400 万增长到 2013 年的 1.17 亿。除数量增加外，宽带的速度也在不断提升。移动宽带质量的进步和固定网络上的 Wi-Fi 的大规模普及，使移动设备扩大了应用规模，影响了数以亿计用户的工作、生活。Stat Counter 对 300 万个样本两年时间的检测结果表明，用户通过移动设备浏览网页的比率从 2012 年的 11.7% 上升到 2014 年的 24.3%。移动宽带技术与设施普及加速了数字产品的应用。2014 年安卓应用的下载量增长了近 60%，全球移动设备应用程序的销售额为 20 亿 ~25 亿美元。

二、数字经济成为新常态下中国经济发展的新动能

数字经济代表着新生产力的发展方向，对中国而言具有特殊意义。互联网、云计算、大数据等数字经济本身就是新常态下供给侧结构性改革要培育和发展的主攻方向。数字化将发掘新的生产要素和经济增长点，加速传统行业转型。

（一）新常态需要新动能

中国经济在经历了三十多年的高速增长之后，开始进入一个增速放缓、结构升级、

动力转换的新阶段，这一阶段也被称为经济发展新常态。认识、适应和引领新常态已被确定为指导中国经济发展的大逻辑。新常态下经济发展面临的最大风险是掉入“中等收入陷阱”，而找准并利用好新动能就成为经济转型发展，跨越中等收入陷阱的关键。

（二）信息革命带来了大机遇

经济发展的新动能在哪里？本来这是一个大难题，曾让很多国家困扰了很多年。但现在不同了，因为人类经历了农业革命、工业革命后，现在正在经历信息革命——正是信息革命为中国顺利跨越中等收入陷阱提供了前所未有的历史性机遇。从社会发展史看，每一次产业技术革命都会带来社会生产力的大飞跃。农业革命增强了人类的生存能力，使人类从采食捕猎走向栽种畜养，从野蛮时代走向文明社会。工业革命拓展了人类体力，大规模工厂化生产取代了工场手工生产，工业经济彻底改变了生产能力不足、产品供给不足的局面。而信息革命则增强了人类脑力，数字化工具、数字化生产、数字化产品成就了数字经济，也促成了数字化生存与发展。以数字化、网络化、智能化为特征的信息革命催生了数字经济，也为经济发展提供了新动能。

（三）数字经济的动能正在释放

数字经济不仅有助于解放旧的生产力，更重要的是能够创造新的生产力。数字技术正广泛应用于现代经济活动中，提高了经济效率，促进了经济结构加速转变，正在成为全球经济复苏的重要驱动力。自 2008 年以来，云计算、物联网、移动互联网、大数据、智能机器人、3D 打印、无人驾驶、虚拟现实等信息技术及其创新应用层出不穷、日新月异，并不断催生一大批新产业、新业态、新模式。更为重要的是，这一变化才刚刚开始。凯文·凯利一直在提醒我们，真正的变化还没有到来，真正伟大的产品还没有出现，“今天才是第一天”，甚至也有专家断言，人类现在的信息处理能力还只是相当于工业革命的蒸汽机时代。

（四）发展数字经济成为中国的战略选择

面对数字经济发展大潮，许多国家都提出了自己的发展战略，如美国的工业互联网、德国的工业 4.0、日本的新机器人战略、欧盟和英国等的数字经济战略等。中国即将步入后工业化阶段，各区域都期望抓住数字新经济兴起的契机。中国政府立足于本国国情和发展阶段，正在实施“网络强国”战略，推进“数字中国”建设，大力推行“十四五”规划中有关数字经济的发展战略。

三、数字经济是引领国家创新战略实施的重要力量

发展数字经济对中国的转型发展，以及实现中华民族伟大复兴的中国梦具有重要的现实意义和特别推动作用，对贯彻落实新的发展理念、培育新经济增长点、以创新驱动推进供给侧改革、建设网络强国、构建信息时代国家新优势等都将产生深远影响。

（一）发展数字经济是贯彻五大发展理念的集中体现

数字经济本身就是新技术革命的产物，是一种新的经济形态、新的资源配置方式和新的发展理念，集中体现了创新的内在要求。中国发展数字经济，是贯彻创新、协调、绿色、开放、共享五大发展理念的集中体现。这是因为数字经济减少了信息流动障碍，加速了资源要素流动，提高了供需匹配效率，有助于实现经济与社会、物质与精神、城乡之间、区域之间的协调发展。数字经济能够极大地提升资源的利用率，是绿色发展的最佳体现。数字经济的最大特点就是基于互联网，而互联网的特性就是开放共享。数字经济也为落后地区、低收入人群创造了更多地参与经济活动、共享发展成果的机会。

（二）发展数字经济是推进供给侧结构性改革的重要抓手

以新一代信息技术与制造技术深度融合为特征的智能制造模式，正在引发新一轮制造业变革，数字化、虚拟化、智能化技术将贯穿产品的全生命周期，柔性化、网络化、个性化生产将成为制造模式的新趋势，全球化、服务化、平台化将成为产业组织的新方式。数字经济也在引领农业现代化，数字农业、智慧农业等农业发展新模式，就是数字经济在农业领域的实现与应用。在服务业领域，数字经济的影响与作用已经得到较好体现，电子商务、互联网金融、网络教育、远程医疗、网约车、在线娱乐等已经使人们的生产生活发生了极大改变。

（三）贯彻落实创新驱动发展战略，推动“大众创业、万众创新”的最佳试验场

现阶段，数字经济最能体现信息技术创新、商业模式创新以及制度创新的要求。数字经济的发展孕育了一大批极具发展潜力的互联网企业，成为激发创新创业的驱动力量。众创、众包、众扶、众筹等分享经济模式本身就是数字经济的重要组成部分。

（四）数字经济是构建信息时代国家竞争新优势的重要先导力量

数字经济的发展在信息革命引发的世界经济版图重构过程中，将起着至关重要的作用。信息时代的核心竞争能力将越来越表现为一个国家和地区的数字能力、信息能力、网络能力。实践表明，中国发展数字经济有着自身独特的优势和有利条件，起步很快，势头良好，在多数领域开始形成与先行国家同台竞争、同步领跑的局面，未来在更多的领域存在领先发展的巨大潜力。

第二节　发展数字经济具有的优势

中国数字经济的不俗表现得益于全球信息革命提供的历史性机遇，得益于新常态下寻求经济增长新动能的强大内生动力，更得益于自身拥有的独特优势。中国发展数字经济的独特优势突出表现在三个方面：网民优势、后发优势和制度优势。

一、网民优势孕育了中国数字经济的巨大潜能

就像中国经济社会快速发展一样，中国网民规模和信息技术发展速度也令人目眩。这促进了世界上最生机勃勃的数字经济的发展。

（一）网民大国红利日渐显现，使得数字经济体量巨大

近年来，中国人口发展出现了拐点，即劳动力人口连续下降，人口老龄化程度加深，使得支持中国经济发展的“人口红利”在逐渐丧失，但中国的网民规模却逐年攀升，互联网普及率稳健增长，网民大国红利开始显现。自2008年起中国成为名副其实的第一网民大国。如此庞大的网民数量造就了中国数字经济的巨大体量和发展潜力。这就不难理解，为什么一个基于互联网的应用很快就能达到上千万、上亿甚至数亿人的用户规模，为什么只有几个人的互联网企业短短几年就可以成为耀眼的“独角兽”企业，甚至在全球达到领先水平。中国互联网企业在全球的出色表现，表明中国已经成功实现从人口红利向网民红利的转变。

（二）信息技术赋能效应显现，使得数字经济空间无限

近年来，信息基础设施和信息产品迅速普及，信息技术的赋能效应逐步显现，为数字经济带来无限创新空间。以互联网为基础的数字经济解决了信息不对称的问题，边远地区的人们和弱势群体通过互联网、电子商务就可以了解市场信息，学习新技术、新知识，实现创新创业，获得全新的上升通道。基于互联网的分享经济还可以将海量的碎片化闲置资源（如土地、房屋、产品、劳力、知识、时间、设备、生产能力等）整合起来，满足多样化、个性化的社会需求，使得全社会的资源配置能力和效率都得到大幅提升。当每一个网民的消费能力、供给能力、创新能力都进一步提升并发挥作用时，数字经济将迎来真正的春天。

（三）应用创新驱动，使得网民优势有效发挥

当前，数字经济发展已从技术创新驱动向应用创新驱动转变，中国的网民优势就显得格外重要。庞大的网民和手机用户群体，使得中国数字经济在众多领域都可以轻易在全球排名中拔得头筹。如2015年滴滴出行全平台（出租车、专车、快车、顺风车、代驾、巴士、试驾、企业版）订单总量达到14.3亿，这一数字相当于美国2015年所有出租车订单量的近两倍，也超越了已成立6年的Uber实现的累计10亿的订单数。百度、阿里巴巴、腾讯、京东跻身全球互联网企业市值排行榜前10位，有足够的经验供互联网创业公司借鉴。小猪短租、名医主刀等一批分享型企业也在迅速崛起，领先企业的成功为数字经济全面发展提供了强大的示范效应。

二、后发优势为数字经济提供了跨越式发展的特殊机遇

信息技术创新具有跳跃式发展的特点，为中国数字经济的跨越式发展提供了机会。

（一）信息基础设施建设实现了跨越式发展

中国的电话网铜线还没有铺设好就迎来了光纤通信时代，固定电话还没有普及就迎来了移动通信时代，固定宽带尚未普及就直接进入了全民移动互联网时代，2G、3G还没有普及就直接上了4G、5G。目前，中国信息基础设施基本建成，一是建成了全球最大规模的宽带通信网络。截至2022年12月，我国固定宽带接入数量达10.71亿，覆盖全国所有城市、乡镇以及100%的行政村，其中4G覆盖率达到100%，5G覆盖率达到了81%。二是网络能力得到持续提升。全光网城市由点及面全面推开，城市家庭基本实现100M光纤全覆盖，同时1000M光纤接入用户占比大幅上升，到2022年12月，已达到16%。

（二）信息技术应用正在经历跨越式发展

中国数字经济的发展是在工业化任务没有完成的基础上开始的，工业化尚不成熟降低了数字经济发展的路径依赖与制度锁定。工业化积累的矛盾和问题要用工业化的办法去解决，这十分困难，也费时较长，但有了信息革命和数字经济就不一样了。工业化的诸多痛点遇到数字经济就有了药到病除的妙方，甚至可以点石成金、化腐朽为神奇。中国的网络购物、P2P（即个人对个人，或伙伴对伙伴）金融、网络约租车、分享式医疗等很多领域能够实现快速发展，甚至领先于许多发达国家，在很大程度上也是由于这些领域的工业化任务还没有完成，矛盾突出，痛点多，迫切需要数字经济发展提供新的解决方案。在制造业领域，工业机器人、3D打印机等新装备、新技术在以长三角、珠三角等为主的中国制造业核心区域的应用明显加快，大数据、云计算、物联网等新的配套技术和生产方式开始得到大规模应用。多数企业还没有达到工业2.0、工业3.0水平就迎来了以智能制造为核心的工业4.0时代。可以说，数字经济为中国加速完成工业化任务、实现“弯道超车”创造了条件。经过多年努力，中国在芯片设计、移动通信、高性能计算等领域取得了重大突破，部分领域取得了全球领先。2015年，华为国际专利申请量3898件，位列全球企业之首。涌现了一批国际领先企业，华为、联想、中兴、腾讯、阿里巴巴、百度等企业在全球地位稳步提高。

（三）农村现代化跨越式发展趋势明显

仅仅因为有了互联网，许多原本落后的农村彻底改变了面貌。仅以“淘宝村”为例，2009年全国农民网商比例超过10%，年网络销售额1000万元以上的行政村只有3个，到2015年已经发展到780个，分布在17个省份。农村电子商务的快速发展和“淘

宝村”的崛起，吸引了大量的农民和大学生返乡创业，人口的回流与聚集也在拉动农村生活服务水平的提升和改善，释放的数字红利也为当地发展提供了内生动力。现在，网购网销在越来越多的农村地区成为家常便饭，网上学习、手机订票、远程医疗服务纷至沓来，农民们开始享受到前所未有的实惠和便利。正是因为有了数字经济的发展，许多农村地区从农业文明一步跨入信息文明，农民的期盼也从“楼上楼下，电灯电话”变成了“屋里屋外，用上宽带”。

（四）信息社会发展水平相对落后，为数字经济发展预留了巨大空间

信息社会发展转型期也是信息技术产品及其创新应用的加速扩张期，为数字经济大发展预留了广阔的空间。目前，中国计算机普及率、网民普及率、宽带普及率、智能手机普及率、人均上网时长等都还处于全球中位水平，发展空间巨大，未来几年仍将保持较快增长。以互联网普及为例，每年增加 4000 万以上的网民，就足以带来数字经济的大幅度提升。

三、制度优势为数字经济发展提供了强有力保障

中国发展数字经济的制度优势在于强有力的政治保障、战略规划、政策体系、统筹协调和组织动员。这为数字经济的发展创造了适宜的政策环境，带动了整个中国经济社会向数字经济转变。

（一）组织领导体系基本健全提供了政治保障

2014 年，中央网络安全和信息化领导小组的成立标志着中国信息化建设真正上升到了“一把手工程”，信息化领导体制也随之基本健全。建设网络强国、发展数字经济已形成全国共识。各级领导和政府部门对信息化的高度重视，为数字经济的发展提供了重要的政治保障。

（二）信息化引领现代化的战略决策提供了明晰的路线图

2016 年 7 月发布的《国家信息化发展战略纲要》提出了从现在起到 21 世纪中叶中国信息化发展的三步走战略目标，明确了在提升能力、提高水平、完善环境方面的三大类 56 项重点任务。确切地说，国家信息化发展战略决策为数字经济发展提供了明晰的路线图。

（三）制定形成了较为完整的政策体系

在过去两年多里，中国围绕信息化和数字经济发展密集出台了一系列政策文件，包括“互联网 +”行动、宽带中国、中国制造 2025、大数据战略、信息消费、电子商务、智慧城市、创新发展战略等。各部门、各地区也纷纷制定出台了相应的行动计划和保障政策。中国信息化政策体系在全球也可以称得上是最健全的，也体现出国家对发展

数字经济的决心之大、信心之足和期望之高。更为重要的是，中国制度优势有利于凝聚全国共识，使政策迅速落地生根，形成自上而下与自下而上推动数字经济发展的大国合力。

第三节　数字经济是引领创新战略的重要力量

中国数字经济已经扬帆起航，正在引领经济增长从低起点高速追赶走向高水平稳健超越，供给结构从中低端增量扩能走向中高端供给优化，动力引擎从密集的要素投入走向持续的创新驱动，技术产业从模仿式跟跑并跑走向自主型并跑领跑全面转型，为最终实现经济发展方式的根本性转变提供了强大的引擎。

一、高速泛在的信息基础设施基本形成

无时不在、无处不在的计算机网络是支撑数字经济的关键。目前中国无论是宽带用户规模、固定宽带网速，还是网络能力等信息基础设施基本形成，达到了连接网络的普及、服务享受的普及等。

（一）宽带用户规模全球第一

截至 2022 年 12 月，我国固定宽带网络延伸至全国所有乡镇和近 100% 的行政村，基础电信企业宽带用户合计达到 5.9 亿户，4G 网络覆盖率接近 100%，5G 网络也达到了 81% 的覆盖率，宽带发展联盟的报告称，截至 2022 年中国固定宽带家庭普及率达到 91%，移动宽带（主要指 4G 和 5G）用户普及率接近 100%。

（二）网络能力得到持续提升

全光网城市由点及面全面推开，城市家庭基本实现 100 Mbit/s 光纤全覆盖。光纤宽带全球领先，光纤用户（FTTH）用户占比达到 63%，仅次于日本、韩国，位列第三。部分重点城市已规模部署 4G+ 技术，载波聚合、VoLTE 商用步伐全面提速。骨干网架构进一步优化，网间疏导能力和用户体验大幅提升。

（三）固定宽带实际下载速率迈入 100 Mbit/s 时代

网络提速效果显著。2021 年第四季度中国固定宽带网络平均下载速率达到 62.6 Mbit/s，突破 60 Mbit/s 大关。全国有 19 个省级行政区域的平均下载速率已率先超过 60 Mbit/s，其中上海超过 65 Mbit/s，天津和北京已超过 64 Mbit/s。

（四）网民规模与日俱增

截至 2022 年 12 月底，中国网民规模达 10.67 亿，新增网民 3549 万人，增长率 3.4%；

互联网普及率达到 75.6%，比 2021 年 12 月提高 2.6 个百分点，超过全球平均水平 10.6 个百分点。上网终端逐渐多样化，全国手机用户数超过 13 亿户，手机移动端上网比例高达 90%。

二、数字经济成为国家经济发展的重要引擎

迄今为止，关于数字经济规模及其对 GDP 的贡献并没有可信的统计资料，但国内外都有机构做了一些研究性测算，对于数字经济成为经济增长重要引擎给出了一致性判断。

2021 年，全球 47 个主要国家数字经济增加值规模达到 38.1 万亿美元，占 GDP 的 45%。其中，中国数字经济规模达到了 7.1 万亿美元，占 47 个国家总量的 18% 以上，位居世界第二。数字经济发展速度之快、辐射范围之广、影响程度之深前所未有，赋予了经济社会发展的"新领域、新赛道"和"新动能、新优势。"

2014 年，美国麦肯锡咨询公司发布的《中国数字化的转型：互联网对劳动生产率及增长的影响》称，中国的互联网经济占 GDP 的比重由 2010 年的 3.3% 上升至 2013 年的 4.4%，高于一些发达国家，已经达到全球领先水平。

中国信息化百人会 2016 年出版的《信息经济崛起：区域发展模式、路径与动力》一书指出，中国信息经济总量与增速呈现"双高"态势。1996—2014 年中国信息经济年均增速高达 23.79%，是同期 GDP 年均增速的 1.84 倍，在中国经济进入新常态的大背景下，信息经济正在成为国家经济稳定增长的主要引擎。2014 年总体规模已达到 2.73 万亿美元，占 GDP 比重为 26.34%，对于 GDP 增长的贡献率高达 58.35%。

目前，中国数字经济正在逐渐成为国家经济稳定增长的主要动力。据 2021 年统计数据，中国数字经济规模达到 45.5 万亿元，占 GDP 比重达到 39.8%，已经超过日本和英国之和，成为全球第二大数字经济体。凭借后发优势，我国数字经济的增速分别是美国（6.8%）、日本（5.5%）和英国（5.4%）的 2.4 倍、3 倍和 3.1 倍，未来中国在全球数字经济中的比重将进一步提升。目前，数字经济已逐渐成为中国宏观经济的组成部分。自 2008 年以来，中国数字经济的比重迅速提升，2021 年占 GDP 比重达 39.8%，增速高达 16.2%。数字经济已成为近年来带动经济增长的重要动力。

三、数字经济在生产生活各个领域全面渗透

针对当前的经济结构调整和产业转型升级趋势，中国数字经济也发挥着积极的推动作用。目前，工业云服务、大企业双创、企业互联网化、智能制造等领域的新模式，新业态正不断涌现。

（一）数字经济正在引领传统产业转型升级

2015 年 7 月，中国发布《关于积极推进“互联网 +”行动的指导意见》，明确了“互联网 +”的十一个重点行动领域：创业创新、协同制造、现代农业、智慧能源、普惠金融、益民服务、高效物流、电子商务、便捷交通、绿色生态、人工智能。数字经济引领传统产业转型升级的步伐开始加快。根据《中国信息化百人会 2017 年报告》统计数据，我国数字化研发设计工具普及率达 61.8%、智能制造就绪率上升至 5.1%，服务化转型步伐持续加快。以制造业为例，工业机器人、3D 打印机等新装备、新技术在以长三角、珠三角等为主的中国制造业核心区域的应用明显加快，大数据、云计算、物联网等新的配套技术和生产方式开始得到大规模应用，海尔集团、沈阳机床、青岛红领等在智能制造上的探索已初有成果，华为、三一重工、中国南车等中国制造以领先技术和全球视野打造国际品牌，已稳步进入全球产业链的中高端。

（二）数字经济开始融入城乡居民生活

根据 CNNIC 报告，网络环境的逐步完善和手机上网的迅速普及，使得移动互联网应用的需求不断被激发。2022 年，基础应用、商务交易、网络金融、网络娱乐、公共服务等个人应用发展日益丰富，其中手机网上支付增长尤为迅速。截至 2022 年 6 月，手机网上支付用户规模达到 9.04 亿，较 2021 年 12 月增长了 81 万，网民使用手机网上支付的比例提升至 86%，网上支付场景不断丰富，大众线上理财习惯逐步养成。各类互联网公共服务类应用均实现用户规模增长，2022 年年底共计有 3.5 亿网民通过互联网实现在线教育，3.63 亿网民使用网络医疗，4.37 亿人使用网络预约出租车。互联网的普惠、便捷、共享等特性已经渗透到公共服务领域，也为加快提升公共服务水平、有效促进民生改善与社会和谐提供了有力保障。

（三）数字经济正在变革治理体系

数字经济带来的新产业、新业态、新模式，使得传统监管制度与产业政策遗留的老问题更加突出，在发展过程中出现的新问题更加不容忽视。数字经济发展促进了政府部门加快改革不适应实践发展要求的市场监管、产业政策，如推动放管服改革、完善商事制度、降低准入门槛、建立市场清单制度、健全事中事后监管、建立“一号一窗一网”公共服务机制，为数字经济发展营造良好的环境。另外，数字经济发展也在倒逼监管体系的创新与完善，如制定网约车新政、加快推进电子商务立法、规范互联网金融发展、推动社会信用管理等。当然，数字经济也为政府运用大数据、云计算等信息技术提升政府监管水平与服务能力创造了条件和工具。

四、数字经济推动新业态与新模式不断涌现

中国数字经济的后发优势强劲，快速发展的互联网和正在转型升级的传统产业相

结合，将会迸发出巨大的发展潜力，新业态与新模式不断涌现。

（一）中国在多个领域已加入全球数字经济领跑者行列

近年来，中国在电子商务、电子信息产品制造等诸多领域取得“单打冠军”的突出成绩，一批信息技术企业和互联网企业进入世界前列。腾讯、阿里巴巴、百度、蚂蚁金服、小米、京东、滴滴出行等七家企业位居全球互联网企业20强。中国按需交通服务已成全球领导者，年化按需交通服务次数达40亿次以上，在全球市场中所占份额为70%。

（二）中国分享经济正在成为全球数字经济发展排头兵

近年来，中国分享经济快速成长，创新创业蓬勃兴起，本土企业创新凸显，各领域发展动力强劲，具有很大的发展潜力。国家信息中心发布的《中国分享经济发展报告（2023）》显示，2022年中国分享经济市场规模约为38 320亿元（其中交易额为36 183亿元，融资额为2137亿元），主要集中在金融、生活服务、交通出行、生产能力、知识技能、房屋短租等六大领域。分享经济领域参与提供服务者超过1亿人（其中平台型企业员工数约675万人），约占劳动人口总数的13.5%，参与分享经济活动的总人数已经超过10亿人。

（三）中国电子商务继续保持快速发展的良好势头

《2022年度中国产业电商市场数据报告》显示，2022年全社会电子商务交易额达到31.4万亿元，同比增长约7.86%；网络零售额达13.79万亿元，同比增长4%。其中实物商品网络零售额占社会消费品零售总额的27.2%；B2B交易额为29.95万亿元，占全部电子商务交易额的95.38%，同比增长11.34%；跨境电子商务继续呈现逆势增长态势，全年交易总额达2.11万亿元，同比增长9.8%；农村网购交易额达2.17亿元，同比增长3.6%，其中农产品网络零售额5313.8亿元，同比增长超过9.2%。2022年中国社交网络支付（支付宝和微信）市场规模达到了33.5万亿元。报告指出，基于现有平台和网络的数字支付方式，不仅让人们享受到了更广泛的数字金融服务，也扩大了中国和周边国家的金融普惠和经济发展机会。

（四）互联网金融进入稳定发展的新时期

中国分享经济在网贷领域进入了稳定发展新时期，截至2022年12月底，2022年网贷行业总成交量达到了25800亿元，较同期成交量增长了41.8%。网贷行业历史累计成交量达到了60091亿元，首次突破6万亿大关。从2022年各月网贷行业成交量来看，月成交量稳定在2000亿元以上，2022年网贷行业成交规模逐渐趋于稳定。预估2023年全年网贷成交量将达成3万亿左右，整个行业呈现稳定增长的趋势。

五、中国数字经济未来的发展

未来，中国信息基础设施体系将更加完善，数字经济将全方位影响经济社会发展，数字经济市场将逐渐从新兴走向成熟，创新和精细化运营成为新方向，数字经济总量仍将保持较快的发展。

（一）国家信息基础设施体系将更加完善

目前，互联网国际出口带宽达到每秒20太比特（Tbps），支撑“一带一路”建设实施，与周边国家实现网络互联、信息互通，建成中国—东盟信息港，初步建成网上“丝绸之路”，信息通信技术、产品和互联网服务的国际竞争力明显增强，移动互联网连接规模超过100亿个，占全球总连接的比例超过20%，“万物互联”的时代开始到来。到2025年，新一代信息通信技术得到及时应用，固定宽带家庭普及率接近国际先进水平，建成国际领先的移动通信网络，实现宽带网络无缝覆盖，互联网国际出口带宽达到每秒48太比特（Tbps），建成四大国际信息通道，连接太平洋、中东欧、东南亚、中亚等国家和地区。到21世纪中叶，泛在先进的信息基础设施为数字经济发展奠定坚实的基础，陆地、海洋、天空、太空立体覆盖的国家信息基础设施体系基本完善，人们通过网络了解世界、掌握信息、摆脱贫困、改善生活、享有幸福。

（二）经济发展的数字化转型成为重点

以信息技术为代表的技术群体性突破是构建现代技术产业体系、引领经济数字化转型的动力源泉，先进的信息生产力将推动我国经济向形态更高级、分工更优化、结构更合理的数字经济阶段演进。按照国家信息化发展战略要求，到2025年，我国将从根本上改变核心关键技术受制于人的局面，形成安全可控的信息技术产业体系，涌现一批具有强大国际竞争力的数字经济企业与产业集群，数字经济进一步发展壮大，数字经济与传统产业深度融合；信息消费总额达到12万亿元，电子商务交易规模达到67万亿元；制造业整体素质大幅提升，创新能力显著增强，工业化与信息化融合迈上新台阶；信息化改造传统农业取得重大突破，大部分地区基本实现农业现代化。预计到2025年中国互联网将促进劳动生产率提升7%~22%，对GDP增长的贡献率将达到3.2%~11.4%，平均为7.3%。到21世纪中叶，国家信息优势越来越突出，数字红利得到充分释放，经济发展方式顺利完成数字化转型，先进的信息生产力基本形成，数字经济成为主要的经济形态。

（三）分享经济将成为数字经济的最大亮点

经历了萌芽、起步与快速成长，分享经济即将进入全面创新发展的新时期，成为数字经济最大的亮点。据国家信息中心预测，未来几年中国分享经济年均增长速度在

40%左右，2025年分享经济规模将超过60万亿元，我国数字经济投入产出效率将提升至约3.5，分享经济占GDP比重将攀升到20%左右。到2032年，中国分享经济规模将超过100万亿，中国分享经济将进入一个人人可参与、物物可分享的全分享时代。一是更多人的参与。随着互联网应用的普及，会有更多的中老年人群、农村居民参与到分享经济中来。二是更广泛地分享。从无形产品到有形产品、从消费产品到生产要素、从个人资源到企业资源，物物皆可纳入分享经济的范畴。三是更深入的渗透。分享经济将深入渗透到各个行业领域，分享经济不仅活跃在交通、住房、教育、医疗、家政、金融等与人们生活息息相关的服务业领域，还将迅速渗透到基础设施、能源、农业、制造业等生产性领域。四是更活跃的创新。未来，中国分享经济将进入本土化创新的集中爆发期，分享经济企业将加速从模仿到原创、从跟随到引领、从本土到全球的质的飞跃。

（四）数字经济总量仍将保持较快的发展

数字经济为全球经济复苏提供了重要支撑。2021年，测算地47个国家数字经济增加值规模为38.1万亿美元，同比名义增长15.6%，占GDP比重45%。产业数字化仍是数字经济发展的主引擎，占数字经济比重的85%，其中，第三产业数字化引领行业转型发展，一二三产业数字经济占行业比重分别为8.6%、25.3%、45.3%。

第三章 数字经济的赋能与转型

第一节 行业发展：重点行业数字经济发展

一、总体情况：数字经济在重点行业的发展状况

随着互联网、大数据、云计算、人工智能、区块链等新兴技术源源不断地注入各行各业的各个环节，无人车间、黑灯工厂、数字园区等正潜移默化地重塑着企业的运营体系、运营机制，而且使传统产业逐渐变得时尚、轻盈、高效起来。以数字产业化为支撑，以产业数字化为根本，顺应数字化、网络化、智能化的发展趋势，数字经济极大地推进了传统产业的转型升级，使各行业领域走在了高质量发展的路上。下面以传统制造业、教育、网上零售为例，介绍数字经济在这些重点行业发展的总体情况。

今天，数字化转型已经不是一道选择题，而逐渐成为传统制造业企业紧急部署的一项长期战略。以大数据、云计算、人工智能等为代表的新一轮科技革命和产业变革正在世界范围内孕育兴起，一国的竞争力在很大程度上主要体现为拥有数据的规模、质量，以及运用数据的能力。而数字经济时代恰好正在改变传统产业赖以生存的基础，森严的产业壁垒日渐松动，产业融合的趋势不可阻挡，制造业向数字化延伸，数字化引导制造业变革，新的技术体系支撑起了制造业产生新业态、新模式。可见，作为国民经济的脊梁，制造业也应抓住数字化机遇走在变革的前列。

自改革开放以来，中国制造业一路披荆斩棘，成为行业领头羊，但与此同时，高增长下面也隐藏着生产管理粗放、效率低下等问题。2016 年，华为正式启动了数字化转型工作，经过改革，华为应用从开发到上线的时间，过去需要 6 ~ 9 个月，如今可以在一周或者一个月内满足一线需求，而库存周期从 7 天缩短到 1.2 天，交付进度提升了 30%。可见，智能制造的应用与发展是一个不断演进和创新的过程。在这一进程中，传统行业的界限已经被打破，与此同时，跨界创新就展现出了巨大的生机。

当然，制造业在数字化转型过程中也存在一些问题。例如，企业对于数字化生产管理模式的认识不够深入，仅仅停留在生产环节的自动化、高效化，缺少对企业管理、

支持服务等环节的重视。因此，面对产业变革的新态势，我们必须认识到挑战与机遇并存，把握住制造业的数字化转型是未来发展的大趋势。

近年来，我国已经高度重视制造业的数字化和智能化转型升级，包括服装、家居等领域的个性化定制，航空、汽车等领域的网络化协同设计，等等。以贵州航天电器股份有限公司生产麻花针为例，公司每天要生产成千上万根麻花针，而且长度不到1cm，但这种细如铅笔芯的产品广泛应用于探月工程、国产大飞机等重大工程。因此，对其精确性的把握要十分严格。过去，麻花针主要由工人靠肉眼进行手工焊接；而如今，每一个工序都上了云。具体来讲，工人们每一次手工打孔的力度、位置和设备的操作都会上传到云平台，每一针松紧度的数据也会实时上线，然后通过数据模型慢慢固化，最终固化到每个麻花针上，这样就使得生产效率和质量都大幅提升。

因此，让企业更加关注大数据、关注智能化生产，积极推动其建设智能生产线、数字工厂等重大举措，不仅助力了企业全流程和全产业链走向数字化和智能化转型，而且也助推了数字经济的大发展。

据国家工业和信息化部数据显示，截至2019年4月，全国已经有11个二级节点实现上线运营，标识注册量突破5300万，二级节点布局范围涉及机械制造、汽车制造、物流、供应链管理、纺织等行业。可见，标识应用领域不断深入，产业各方共同加速标识应用场景探索，应用范围也拓展至食品工业、日化业、热力行业等领域。通过标识打通了产品生产环节、销售环节、流通环节、服务环节等重要运营环节，实现了现代供应链管理、智能包装、全生命周期追溯管理等新功能。

总之，我国制造业的数字化转型已经进入了高速发展期，以数字化、智能化不断推动着产业商业模式的创新发展，实现产品、模式、业态的新探索，使产品质量、服务质量都得到显著提升，最终实现制造业效率和质量的变革。

工业品B2B行业进入快速成长期，已入局的平台正逐步建立起规模优势，目前正处于盈利可期的状态。入局者根据自身禀赋资源寻找发挥比较优势的切入机会，抓住入场时机。2021年，中国工业制造品B2B市场规模约为5843亿元，线上渗透率约为5%。中国工业品B2B市场规模将持续增长，未来五年工业品B2B市场规模年复合增长率约为30%，预计2025年中国工业品B2B市场规模将达1.75万亿元。总之，制造业实现线上运营、数字化转型已势不可挡。

随着数字经济时代的到来，互联网技术与智能技术协同飞速发展，在信息的生成与表达、处理与传播方面表现出空前繁荣，给人们的生产、生活方式与社会的经济发展都带来了巨大变化，同时也在很大程度上重塑着人的认知与思维方式，甚至人类文明。具体到教育领域，数字技术将以何种形态、何种方式、何种节奏影响教育的发展，正在成为全社会关注的问题。因此，探究数字技术如何重塑教育的意义十分重大。

数字技术驱动的创新已成为各国发展的重要推力，也给教育带来了深刻的影响。

发达国家纷纷出台发展规划，围绕的核心均是如何最大限度地发挥本国的资源优势，最高的关注点要数以提升人力资本的质量来推进本国经济发展了。就教育领域而言，目前，前沿技术与相关理论的研究正在学术界如火如荼地开展，相关技术企业和社会力量也在与教育实体进行合作探究和实践试点，当下教育领域对于数字技术变革教育的需求很是强烈与迫切。同样，在我国，教育信息化也已被提到引领教育变革的战略高度，相继出台了一系列的教育信息化政策，并在实践中探索着前进，争取能让数字经济的浪潮席卷到教育这片天地。

其实，教育领域几乎是最后一个被技术重塑的行业。大部分的偏远学校仍然是普通授课辅导的教育模式，整体运转还是老样子。随着数字技术的不断融入，轻松便捷的学习方式方法已然成了传统教育的补充者，如在线课程、知识服务，还产生了一些多样化的学习方式，如混合学习、自适应学习。从教育生态重塑的角度来看，重新思考数字技术对教育变革的影响，会有助于更全面地看待技术在推进教育变革过程中的重大作用，进而在数字化发展的后续进程中，培养越来越多的数字化人才，推动我国快速走向数字强国的战略高度。

随着数字经济的发展和互联网的广泛普及，我国许多经济产业的发展规模和模式丰富程度都已经遥遥领先其他国家，尤其在电子商务的网络零售交易额方面，我国已经连续多年稳居世界第一，并且还在持续增长。

在拉动消费方面，电子商务的作用巨大，而且已经成为促进消费升级的重要力量。回顾过去几年中国电子商务的发展成就，无疑与新一代信息技术的进步是分不开的。4G 技术的发展，给移动互联网带来了便捷性，也带动了手机端消费模式的兴起。5G 技术的到来带来了更大的应用市场，万物互联隐藏了更大的商机。我们所有的社会活动都可以做到零延时的信息传递，在 5G 环境下也会有更多的直播短视频，通过视频的角度就能够初步了解商品的功能，精准找到消费者的需求，这对于带动销量有很大的帮助。可见，数字经济带来的数字化浪潮为网上零售提供了不竭的发展动力。

从 2009 年苏宁易购开始，实体零售商大多参与了电子商务销售，自 2017 年飞牛网退出网购市场后，我们就应该重新重点审视一下这个已经到来的数字经济时代，它将为我国带来怎样的变化和发展。描述了 2021 年中国网购市场的市场份额，其中阿里巴巴占比 52%、京东占比 20%、拼多多市场份额占比约为 15%。可见，这样的市场集中度已经是非常高了，前面两个企业几乎拥有了最大份额的数字资产，包括消费者的 ID 数据、商品 SKU 数据、ID 与 SKU 的消费匹配数据以及相关的线上流量，这些数据资产对于网上零售具有很大的支持作用，不仅可以对消费者进行精准营销，还可以通过大数据分析制定稳、准、狠的营销策略。总之，面对中国积极推动的数字化转型，我国零售行业已经大踏步进行转型，跟上了数字化发展的时代，并且可以看出拥有巨大的发展前景。

大家非常熟悉的经济模型，上面是毛利率，下面是费用率，它们之间随着规模增加，差额也增加，代表了传统经济下的规模经济，而在数字经济下，前期费用率大于毛利率，当过了某个时间节点，费用率快速下降，两者差额迅速扩大，这就是所谓的数字经济的经济性。前文提到的京东的毛利率和费用率变化就可以验证这个模型，京东 B2C（即企业对个人）的成本结构已经与实体零售商的成本结构有巨大的区别，“关键”生产要素以及与其相关的劳动力、资产有了“效率优势”，这是实体零售商退败 B2C 的主要原因。可见，中国的零售业已经走向了网络化、数字化的时代，逐渐形成了新的市场格局，企业自身的数字能力已成为所有业务建立的大前提，其行为和绩效都会受到影响。

对电子商务平台而言，基本上已经实现了“赢者通吃”的现象，阿里巴巴和京东两大巨头的市场份额已经达到 70%，“长尾企业”数量众多，竞争激烈。即使对于头部巨头，活跃用户增速也在不断放缓，以营销费用、新增活跃用户数来计算，2018 年两大巨头获客成本均已超过 300 元。对商户而言，电子商务商家持续增加，商家间的竞争越来越白热化，2022 年中国网络购物交易规模达到 13.79 万亿元，同比增长 4%，品牌及商户在综合平台推广、曝光的费用日益走高，并且预测 2023 年和 2024 年中国网络购物交易规模将持续为增长态势。

电子商务的飞速发展也为农村带来了福祉。每年丰收季，中国一些偏远地区的农产品都会因为销售渠道不畅通而面临产品滞销的问题。2018 年，商务部通过多种方式已帮助超过 350 个贫困县开展网上销售农产品，主要通过举办贫困地区特色农产品品牌推介洽谈会、专场促销活动等多种方式，同时帮助农产品生产经营企业培养电子商务思维，掌握品牌的管理方法，商务部还会提供一些农业创新创业平台，便于农民建立自己的电子商务店。在这样的新形势下，许多民营企业也纷纷走向农村，帮助农民建立电子商务运营团队，部署一些网络新型推广手段，打造绿色健康的农业特色产品，从而增强供应链整合能力，提升农村可电子商务化和规模化水平。

二、路径差异：重点行业的数字经济发展路径

数字化是当今世界发展的大趋势，是推动经济社会变革的重要力量。由数字经济衍生出来的传统产业的数字化和智能化，新兴产业集群的深度发展，要求我们要采取不同的路径去分析与发展，以拓展数字经济的发展空间。

当前，我国发展数字经济面临着政策红利持续释放、产业格局深刻调整、经济转型步伐加快的三大历史机遇，同时也存在着传统产业生态尚未成熟、数据价值挖掘不足、核心技术突破受制约、数字人才缺乏等诸多问题，机遇与挑战共生，“弯道超车”与掉队风险并存，但传统产业肯定有其固有的生产与发展模式，因此需要着眼全球、立足国情，对于传统产业的数字化转型升级要总结出其特有的发展路径，从以下几个

方面协同推动我国数字经济的发展。

首先，加强数字经济的宣传引导，为其发展营造良好的氛围。虽然数字经济在消费领域已经深入人心，但在农业和工业等一些传统领域，人们对数字经济的认识和理解还不够深入，一些中小企业对数字经济的发展还处于观望状态。因此，政府需要加强宣传引导，让全社会都能够深刻认识到发展数字经济的作用和意义，积极参与到数字经济的建设中。例如，政府可以发布相关行业数字经济的具体行动计划，对针对性行业进行企业试点，然后通过利用企业典型的成功案例进行宣传推介，形成明星企业示范效应，吸引各类企业加入实践。同时，政府还可以通过资金引导，创建产业基金或创投基金等，给传统企业数字化转型升级提供资金扶持，从而缓解传统企业的资金压力。

其次，加强核心技术研发，为传统产业转型发展提供新动能。技术的发展和应用在数字经济发展中占据着极其重要的地位，而企业在产业链中的地位也往往是由于核心技术的差距所决定的。中国想要更好、更快地发展数字经济，传统产业想要在国际竞争中占据主导地位，就必须提升自身的技术创新水平，尤其是计算机、通信和微电子技术领域中拥有自主知识产权的技术。因此，政府和企业要高度重视核心技术的研发，加大研发资金的投入，吸引高科技人才。这样，才能够为数字经济发展提供基本保障，促进我国传统产业的数字化转型。

最后，进一步完善基础设施，为数字经济发展、传统产业转型升级提供重要基础。互联网的快速发展和普及应用是发展数字经济的基础条件，也是传统产业数字化转型的必要条件。只有基础设施牢固，我国的传统产业才能稳步地走向数字化。经过这么多年的建设，中国在信息网络建设上取得了一定的成就，可以说已经为数字经济的发展奠定了一定的基础，但是还存在地区发展不均衡的问题。传统产业的数字化转型要求基础设施建设均衡发展，这样才能满足数据的全面性覆盖，充分发挥数字技术在传统产业中的应用。要继续加大对基础设施建设的投入，缩小地区发展差异，同时提升贫困地区的基础保障能力，助力传统产业转型升级。

新兴产业的发展不仅要遵循产业发展的一般性规律，还要遵循其自身特殊的成长规律和发展路径。重要的一点就是，资源条件、科技水平等产业资源以及机制体制、地区文化等外部支撑条件构成了新兴产业的成长动力。因此，要想把握好新兴产业发展新动能、新优势这一关键领域，就需要深刻认识新兴产业发展的演进规律和发展路径。

新兴产业中期会形成重大的产业关联性，技术的提升可能会优化局部或全局的产业结构。新兴产业技术更新速度快于传统幼稚产业，是以升级产品技术为动能，以上游研发产业向下游产品制造加工和市场推广为特点的产业链延伸，整个产业结构的形成是遵循着技术的逐步提升。高质量的新兴产品客观上要求有一定的“技术根基”进行产品创新，或者以创新替代品开始新一轮产品生命周期，这样就可以通过技术的协同作用进一步激发产业结构的改善优化，推动新兴产业转型升级。因此，重视新兴产业的关联性，技术优化全结构的产业特征至关重要。

同时，新兴产业相较于传统产业在萌芽阶段具有较长的潜伏期，一般后期会主导新兴产业集群的发展。相对于传统产业，只有对科技革命和技术发展趋势具有长期深刻的把握，才能够在新兴产业领域占有一席之地。在市场竞争作用下，创新效应是逐步发挥的，而且企业间的交易协作是频繁的，逐步引起从事创新活动、产品开发、生产销售等全产业链空间聚集。因此，只有充分有效地利用集聚优势和创新引擎，才能引领新兴产业集群的大发展。

要充分发挥政府作用提供新兴产业发展支撑。主导性、创新性和关联性的特征需要政府根据产业演化规律，在不同的阶段制定相应的政策工具，采取不同的措施：在产业成长初期，要加强基础研究，选择适宜技术和适当产业进行发展；在产业发展中期，要加强科技成果转化，侧重提高创新技术转化率，形成全面提升融资水平和模式、知识产权保护、基础设施配套等环境体系；在产业成熟期，加强新兴技术和产品产业层级，规范市场秩序，避免市场垄断。

在发挥政府作用的同时，还要更加重视市场的力量，进一步强化市场需求拉动：通过技术改造、产品服务和品牌推广，改善消费习惯，增强消费者对产品的信心；实施“走出去”战略，引导战略性新兴产业攀升高端市场；要下大力气创造良好的营商环境，实现国内、国外市场开拓。

以陕西省为例，该省科学谋划在“追赶超越”中努力抢占数字经济制高点，从高质量促进基础型数字经济发展、高效益推动融合型数字经济转型、高标杆引领产业体制机制创新三大方面着手，全力推进数字经济发展壮大的未来路径。首先，积极完善基础设施建设，实施宽带网络提质扩面，加快宽带网络光网化，不断提升骨干网络、支线网络、入户网络传输网速和质量，努力普及企业单位、城镇商业楼宇和住宅小区、农村行政村通光纤，并且提高移动网络的稳定性。其次，持续壮大融合型数字经济产业，促进农业、工业、服务业的数字化转型。最后，健全和完善数字经济产业治理体系和健全优化数字经济产业评价体系。总之，陕西数字经济成长发展的根本路径在于，以互联网和数字经济为引擎，发挥信息化和数字经济驱动引领作用，加快完善政策体系，提升信息基础设施建设水平，支持实体经济加快数字化转型。

企业的基础不同，数字化转型的顶层设计和转型路径也不完全相同。为了寻求不同数字化阶段的企业转型成功之道，金蝶 KIS 根据对数字化客户的调研，综合行业评估标准，设计了企业数字化转型成熟度模型。

三、效率变革：数字经济推动重点行业全要素生产率提升

全要素生产率是指在各种生产要素投入水平既定的条件下，所达到的额外生产效

率。例如，一个企业或国家，如果资本、劳动力和其他生产要素投入的增长率都是5%，而产出或GDP增长率是8%，多出来的3%就是全要素生产率对产出或经济增长的贡献。全要素生产率主要包括技术进步、组织创新、专业化和生产创新等，是用于衡量经济效益水平和集约化增长程度的综合性指标。“提高全要素生产率”的提法首次出现在党的代表大会报告中，这是以新发展理念引领新时代经济发展的新思想、新举措。

在新一轮科技革命、产业变革的背景下，整个经济社会运行模式正在发生根本性改变，全要素生产率提升的途径也正在出现新的变化。完全沉浸在以往的宏观经济架构和既有的研究思路方法，可能无法很好地分析考察新经济、新模式。因此，在提升全要素生产率和提升增长动力方面，要深入进行创新思考。

2012年前后，可以说是我国处于国际、国内两个重要时期的交汇点。一方面，全球新一轮科技革命与产业变革加速演进，数字经济蓬勃发展；另一方面，恰好在这个时间节点上，中国经济逐步进入以降速、换挡为特征的新常态。大数据、云计算、人工智能等数字技术在商业活动中的大量应用正是新一轮科技革命的标志性事件，新经济、新模式、新业态也突然涌现出来。这些新形态的涌现首先带来的就是效率的提升，就相当于是给提高全要素生产率提供了一个新途径、新方向。而数字经济这一种新经济形态的快速发展，也给我们的宏观经济的全要素生产率增长提供了新的动力源泉。

理解数字经济提高全要素生产率背后的作用机制，就需要从它的经济特性进行分析。数字经济具有以下三个重要的经济特性。

（1）渗透性。以数字技术作为其经济活动的标志和驱动力，导致包括生产、交换、分配、消费在内的各个经济活动环节的数字化，作为通用目的技术，它能够渗透到经济社会的方方面面。

（2）替代性。从1971年英特尔出了第一款4004的芯片开始到现在五十多年，摩尔定律一直存在，每隔两年左右，芯片处理器的实际价格降低一半。在过去的五十多年里，数字技术产品价格处于持续快速下降状态，生产过程中会尽量多地去运用数字技术，数字资本替代其他的资本。

（3）协同性。数字产品一旦形成资本渗透到生产过程中，它便能够提高其他要素，如劳动者和机器设备之间的协同性，增加其他要素之间的配合，最终结果是带来生产效率的提高。

通过上述论述，我们不难理解数字经济在推动行业的全要素生产率提升中的作用。下面从制造业、农业、生物医学三个重点行业介绍数字经济如何推动其全要素生产率的提升。

当前，新一代信息技术与制造业融合不断深化，“互联网+制造”“智能+制造”成为制造业发展新常态、新形势。随着我国资源环境和要素成本约束趋紧，制造业原有的比较优势正在逐渐消失，因而加快制造业转型升级迫在眉睫。数字经济在中国的快速发展使制造业也逐渐迈入高速、高质量发展阶段，并且能够明确未来重点发展的领域。要实现制造强国目标，就必须在着力扩大需求的同时，通过优化产业结构有效改善供给，释放新的发展动能。这就要求我国制造业必须加快转型升级步伐，提升全要素生产率和提升经济长期持续发展能力，推动制造业向智能化、绿色化、服务化转型，从而重构国家竞争新优势。

我国农业的发展，除长期受人多地少、自然灾害频发等一系列资源刚性约束外，还因为化肥、农药和农膜等的大量使用而付出了沉重的环境代价。新时代中国经济进入新常态，但下行压力加大，资源环境压力凸显，这对农业发展提出了更高要求，过去以高投入、高产出和高废物为典型特征的“三高”型农业发展模式已经不可持续。但是，农业在加入了不断革新的数字技术后，很好地适应和消化了工业化与城市化所产生的冲击，避免了经济快速发展过程中可能产生的农业衰退，农业发展也逐渐找到了提升全要素生产率的出路。

数字经济的发展带来了农业前沿技术的进步。在智能新时代，农业逐渐由高产为导向的数量型发展阶段转向品质型为导向的高质量发展阶段，技术进步逐渐向资源节约型技术与劳动节约型技术并重的方向发展，加快推进了农业机械化。同时也发生了许多重大的转变，例如，由生产者目标导向逐步转向消费者目标导向，由增产转向提高质量、数量、效益并重的方向。随着数字技术逐渐渗入农业领域，农民的数字素养得到了提升，为劳动者提供科学文化知识、职业技术知识、技能等的人力资本也增加了。另外，农村教育、医疗卫生、文化体育等公共服务水平得到了全面提升，城乡义务教育得到了一体化发展，标准化村卫生室也加快了建设，同时落实更加积极的就业政策，促进农村劳动力多渠道转移就业等。可见，数字技术与农业生产的融合大大提高了农业发展的全要素生产率，使农村、农业、农民一同走向了效率变革的新发展、新时代。

2017 年是人工智能元年，人工智能的一个经济特性就是能够促进经济增长，提高全要素生产率。在生物医药、材料科学等领域，研发过程具有“大海捞针”的特点，即能够确定创新存在于已有知识的某种有用组合，但有用知识范围却广泛复杂，要找出来极不容易。而人工智能技术的突破性进展，则使得研究人员能够大大提高识别效率，找出那些最有价值的组合。例如，在生物医药领域，应用深度学习技术和已有的数据，可以较为准确地预测出药物试验的结果，对于早期的药物筛选来说，便可以减少一些不必要的检验，从而提高筛选效率，识别出那些成功概率更大的候选分子。结合新增长理论，这相当于知识创造的过程加速了，必然能带来全要素生产率的提升。虽然目前人工智能的很多经济特性可能还没有全面显现出来，但未来一旦这种效应充分发挥出来，必将对我们的经济发展产生前所未有的促进作用。

第二节 赋能实体：实体经济的数字化转型

一、赋能农业：农业的数字化转型

农业是人类衣食之源、生存之本，是一切生产的首要条件，为国民经济其他部门提供粮食、副食品、工业原料和出口物资。同时，农业也是与人们生活最息息相关的实体经济。数字技术和智能技术被推广运用到农业产业中，引发了数字田园、数字牧场、智慧农业等一系列农业数字化转型，深刻改变着农业的面貌。我国目前已成功地将现代电子技术、控制技术、农机工程装备技术集成应用于精准农业的智能装备中。在农业生产中也经常应用到自动导航技术、播种监控技术和农药变量喷洒技术等。除此之外，新能源的应用也逐渐转向农业领域。可以说，我国农业的数字化发展现状是良好的，但全方位、全覆盖地实现农业数字化转型还有待进一步提升。

精准农业是指在现行农业生产方式的基础上，利用卫星导航、遥感、地理信息系统等现代空间信息技术，实现农业生产精准作业的一种生产方式。它从技术上保障了农作物生长需求与农业生产要素投入的及时、定位、平衡，构建了资源节约和环境友好型的生产方式，可以说，是现代农业数字化转型的动力和载体。之所以要在数字经济时代倡导精准农业，是因为精准农业是农业现代化的重要表现形式，是数字农业发展的实现路径，也是数字经济发展的本质要求。具体来讲，与传统的现代农业方式相比，精准农业不仅节约了资源、降低了成本、减少了排放，而且成功地构建起绿色农业生产体系和实现农业的可持续发展。目前，我国发展精准农业的基本条件已经成熟，形成了空间基础设施、农业空间数据和大数据分析系统的有利条件，需要进一步加强数字经济和数字农业知识的宣传普及，提高数字农业发展必然性的规律性认识，加强精准农业示范应用，加快构建数字农业经济体系。

在数字和智能时代，我们所讨论的一切根本前提都是要数字化，但即使机械代替了人力，如果没有具有高数字素养的人力，机器也无法工作。因此，未来农民的内涵将发生重大变化，他们会更加专业化、职业化、年轻化、高学历、懂农机、掌握新一代信息技术和人工智能技术，更易接受新生事物。整个农民群体将逐渐分化：越来越多有农业专业背景的大专院校毕业生将从事田间管理，未来懂操作农机、维修农机的劳动力需求越来越多；未来农民更懂市场，有互联网和大数据思维的新农人将从事农业的营销、流通相关工作；老一辈会逐渐被淘汰，或从事基础性工作。与此同时，专业大户、合作社、公司将会越来越多，并发挥更加重要的实际作用。在北方地区，尤其是在东北地区，生产经营主体将以专业大户为主，而合作社将变得更加规范化、实心化，公司下乡将不再急功近利化。

随着我国人口红利的逐渐消失，以及资源环境约束压力下的粗放式发展难以为继，农业科技将成为农业领域发展的主动力、主引擎。使用了基因工程技术的产品，在抗病、抗虫、抗旱、抗逆性等方面都比传统作物要优秀，既能大幅提高作物产量，也能提高产品品质。如果我国公众能更科学、理性地看待这项技术，则政府放开转基因作物种植的步伐将会更快。

目前，无人机植保在农村已成星火燎原之势，尤其是在湖南。因为湖南属于丘陵地区，且田块分散，过去农民靠背负式喷雾器打药费时费力，还危险，如今有了无人机植保技术，对农民帮助很大。虽然无人机植保目前仍存在药剂漂移、大风改变作业轨迹、电池续航差等问题，但有理由期待，在未来的农业植保领域，无人机将发挥主要作用。

用互联网、人工智能、大数据等新技术能更好地帮助猪场实现科学化管理，同时也会为未来科学养殖技术的突破提供数据基础。自2018年8月中国确诊首例非洲猪瘟疫情以来，全国已扑杀百万余头生猪，使得生猪价格出现了持续上涨。面对人们想吃上安全、平价猪肉的需求，让“每一头猪健康”成了人们最关心的问题。

根据阿里云披露的论证数据，AI可以让母猪每年多产3头小猪仔，且猪仔死亡淘汰率可降低3%左右。京东数科则介绍其智能化养出来的猪平均出栏时间可缩短5～8天。这种智能养猪的手段还包括通过传感器实时监测温度、湿度、粉尘、氨气量、氮气量等，改善猪的生活环境。在物流环节，运用测温等技术对运输中环境卫生的变化进行监控、猪脸识别等。

新技术的加入能够更好地控制猪的生长过程、健康状况，排除影响人类生命安全的疾病因素。同时，智能化的运营方式提高了生产率，减少了成本，使猪肉价格也能保持在合理的波动区间。

农业生产方式、经营主体的变化，也在倒逼流通形态不断进化和升级，传统的农资厂商、经销商也在谋求转型，农资电子商务也逐渐成为农业流通体系的有效补充。

阿里巴巴的普惠式发展实践始于2009年电子商务消贫。其核心思路就是用商业模式扶持贫困地区的经济发展，通过电子商务赋能使贫困地区具备致富脱贫的能力。2015年，832个国家级贫困县在阿里巴巴零售平台上完成销售215.56亿元，同比增长80.69%。贫困地区根据自身实际，充分利用互联网平台，实现数字化经营：有的依靠传统产业线上转型；有的依靠本地资源，将土特产品卖向全网；有的根据需求找资源、促生产，实现增收脱贫。

阿里巴巴除提供消费品下乡和农产品进城的双向商品服务外，还在农村地区展开了众多生活服务的创新实践。例如，农村淘宝搭建的18 000个村级服务站，通过与当地联通、电信等运营商合作，为村民提供充值、上网等服务，通过与支付宝合作，给村淘合伙人授信，为村民提供生活缴费、小额提款等服务。此外，还帮助农村建立起电子商务基础设施，包括交易、物流、支付、云计算等。未来各类经营主体、创业者都可以借助这些基础设施，为农村和农民带来了更丰富的信息化服务。

农村各类经济主体和大型电子商务企业协同发展的格局初步形成，对农村，特别是贫困地区的经济发展、农民收入的增加和生活的改善发挥了积极的作用。中国农村电子商务的成功经验均可复制、可推广，实现农村发展和共同富裕。

京东的“跑步鸡”项目就是京东集团开展的创新型电子商务扶贫项目。具体的操作流程是，将鸡雏交给已在扶贫办建档立卡且征信记录良好的贫困户养殖，将每只鸡的自然生长周期进行智能监控，养殖 4 个月以上上市销售。对批量屠宰、加工运输等环节进行智能化运作，为消费者提供绿色健康的“跑步鸡”食品。目前，一万只“跑步鸡”已经出栏，除去成本，贫困户平均收入至少为 3000 元。

扶贫“跑步鸡”通过前期的养殖、屠宰环节，确保在纯天然、无污染的环境下，使其成为天然无公害的肉鸡。在营销过程中，以每只 188 元的价格通过京东自营销售，一经推出，就被抢购一空。通过扶贫“跑步鸡”的试点，证明建立农村电子商务产业精准扶贫是有成效的。

二、赋能制造：制造业的数字化转型

制造业是国民经济的主体，是立国之本、强国之策，更是实现创新驱动、抢占未来的关键制高点，决定着实体经济的质量和效益。只有做强中国制造，才能振兴实体经济。

我国制造业的规模巨大，已经成了世界制造业的第一大国。一方面，经过改革开放四十多年的积累和发展，我国制造业综合实力和国际竞争力显著提高，制造业带动就业的效果也十分突出，它的发展可缓解交通运输、批发零售、住宿餐饮等各行业的就业问题。另一方面，制造业也是创造社会财富的主要源泉，已经成为国家安全的保障和国防实力的重要支撑，成了人民幸福安康、社会和谐稳定的物质基础，是实现我国工业化、信息化、城镇化、农业现代化同步发展的主要推动者，对国民经济和社会发展做出了重要贡献。

作为实体经济的骨架和支撑，制造业也是振兴实体经济的主战场。随着“互联网 +”“大数据 +”“智能 +”的推进，数字技术和制造业的深度融合成为必然趋势。大力推动制造业数字化转型，不仅有助于经济转型升级，而且有助于培育经济增长新动能。

那么，面对数字经济时代，实体经济将如何转型升级？这里有三个关键：一是拥抱不断革新的数字技术。全球新一轮的产业变革的重要特征是以互联网、大数据和人工智能为代表的新一代信息技术的持续创新，及其与传统产业的深度融合。互联网开放、共享、协同的特征正推动着制造业创新主体、创新模式的深刻变革。例如，工业互联网是制造业数字化转型的前沿技术应用，发展工业互联网也已经成为各主要工业强国抢占竞争制高点的共同选择。二是开发新资源。随着经济的快速发展，也同时伴随着资源的滥用而导致枯竭，不当的尾料处理导致环境污染。数据资源的利用水平和成效，日益成为企业、国家拥有强大实力的证明。三是营造良好的政策环境。企业创新能力、创业热情的进一步释放，有赖于营商环境的精心营造。

下面进一步探讨这三个方面如何能促进制造业的转型升级。

首先，拥抱新技术，促进制造业的数字化转型。以互联网为例，其之所以日益成为制造业转型的新动力，是因为互联网不断创新资源的优化配置，激发全社会的创新活力。移动互联网、工业互联网、开源软硬件、3D 打印等新技术的应用，推动着创新组织的小型化、分散化和创客化，面向大企业及中小企业的各类创新创业平台不断涌现，支持万众创新的产业生态正在改善。企业创新资源的配置方式和组织流程正在从以生产者为中心向以消费者为中心转变，构建客户需求深度挖掘、实时感知、快速响应、及时满足的创新体系日益成为企业新型能力。正是因为互联网发挥着这些特性，才有助于促进制造业的转型升级。

工业互联网是拓宽制造业新空间的重要引擎。处在产业发展前沿的工业互联网应用在不断拓展，规模也在不断扩大。工业互联网技术主要应用在产品开发、生产管理、产品服务等环节。工业互联网的主要应用模式和场景可归纳为以下四类：一是智能产品开发与大规模个性化定制；二是智能化生产和管理；三是智能化售后服务；四是产业链协同。在产品开发和服务环节应用工业互联网技术的企业，一般致力于开发智能产品，提供智能增值服务；在生产管理环节应用工业互联网技术的企业，一般主攻发展数字工厂、智能工厂。目前，我国在产品开发和服务环节应用工业互联网技术的企业，远远多于在生产管理环节应用工业互联网技术的企业。工业互联网与传统制造业的融合发展进一步提升了劳动力、技术、管理等要素的配置效率，增强了产业供给的能力，这也将同时为经济增长持续注入新活力。

互联网也催生制造业的新模式、新业态。制造业与互联网的深度融合可以有效激发制造企业的创新活力和发展潜力，也将产生诸多的新模式、新业态和新产品。其中，个性化定制已经出现在人们的生活中。作为传统工业向智能制造过渡的重要标志，个性化定制是用户介入产品的生产过程，将指定的图案和文字印刷到指定的产品上，用户获得自己定制的个人属性强烈的商品或获得与其个人需求匹配的产品或服务。利用互联网和大数据平台以及智能工厂建设将用户需求直接转化为生产订单，开展以用户为中心的个性化定制和按需生产，能够有效地解决制造业长期存在的库存和产能问题，实现产销动态平衡。

通过个性化定制，消费者深度参与生产制造全过程，传统的大批量集中生产方式向分散化、个性化生产方式转变，传统商品将被智能产品所取代，服务型制造逐渐渗入制造业之中，加快了我国制造业从传统单一的制造环节向两端延伸，提高了产品附加值，推进制造业从生产型制造向服务型制造的转变，对促进我国制造业转型和重构制造业产业体系具有重要价值。

其次，开发新资源。人口红利的消失、环境问题的严峻、自然资源的有限，经济发展依赖的传统资源正在慢慢走向衰竭。在寻求传统资源高效利用的同时，新资源的开发也是刻不容缓的。大数据正是目前最为热门的新资源，数据挖掘、数据驱动都可以让生产运作、科技研发更加有效；数据孵化，让新产品和服务脱颖而出。中国拥有比美国互联网平台更为丰富的场景，在数据这一新资源的开发利用上具有得天独厚的优势。

另外，新能源汽车的开发也是制造业近几年发展得比较好的，我国汽车行业可以说逐渐迎来新拐点。随着 5G、车联网、人工智能、大数据等新兴技术的快速发展，各类品牌纷纷确立电动化、智能化为战略方向，并提出向移动出行服务商转型。

最后，营造良好的营商环境促进制造业的数字化转型。数字化转型是制造业自身发展的现实需要，在这一进程中遭遇的大多数问题会由市场解决，但只用市场的能力去解决并不能达到真正的改善，这就需要政府的积极推动，所以也要更好地发挥政府的作用。

中国作为全球第二大经济体，制造业的进一步增长不可避免地要靠创新驱动和创业促动。创新的出现需要各领域知识充分交流和碰撞，创业的热潮需要宽松的环境，企业创新能力、创业热情的进一步释放，有赖于营商环境的精心营造。为了能让企业获得公平、公正的发展和竞争环境。我们应进一步增强对小微企业的扶持力度和政策优惠，可以通过技术改造贷款贴息、搬迁补助、职工安置补助、产业引导基金投资等方式支持和鼓励企业进行数字化改造；通过政府购买服务等方式鼓励中小企业与服务平台合作，引导中小企业通过“上云”提升数字化水平；通过试点示范培育工业互联网平台，鼓励、支持优势企业提高工业互联网应用水平，推广网络化协同制造、服务型制造、大规模个性化定制等新模式、新业态。

同时，也要加强国际合作，提升国际影响力。当前，美国、德国正在合作探讨工业互联网参考架构（IIRA）和工业 4.0 参考架构模型（RAMI4.0）的一致性，最终有可能形成统一的架构。我国应发挥产业门类齐全、市场规模大、数据资源丰富等优势，谋求与其他国家的深入合作，并引导行业组织在国际合作方面进一步发挥作用。

我国制造业规模庞大、体系完备，但“大而不强”问题突出，尤其是传统制造业，自主创新能力不强，生产管理效率较低。在我国制造业低成本优势逐步减弱的背景下，必须着力提高产品品质和生产管理效率，重塑竞争优势，数字化转型正是提升制造业竞争力的重要途径。当前，需要更好地顺应数字经济发展趋势，解决好制造业数字化转型进程中的难点问题，切实推动制造业高质量发展。大家熟知的海尔就是制造业成功转型的一个典型例子。

历经三十多年的创新发展，海尔从一个濒临倒闭的集体所有制小厂，到今天的全球白色家电第一品牌。面对互联网、大数据和人工智能迅猛发展的浪潮，海尔积极主动推进互联网化转型，从战略方向、管理模式、研发体系、服务体系等方面开启全方位变革，从传统制造家电产品的企业转变为面向全社会孵化创客的平台，构建起互联网时代企业、员工、用户、合作伙伴的新型生产关系，引领制造业变革。可以说，海尔利用互联网实现了全方位的转型，引领了时代变革。

三、赋能电商：跨境电商的数字化转型

跨境电商是指利用跨境电子商务平台发展起来的跨境网络贸易，是在“互联网+”发展到一定程度出现的跨境贸易与电子商务的有机结合的新型贸易形态。跨境电商凭借其便捷性、普遍性得到广大民众的认可，是普通百姓参与国际贸易的渠道之一。我国跨境电商最初的模式是海淘、个人代购等。随着互联网的不断发展，跨境电商也不再是固定的这几种形式，而是逐渐向企业化、规模化、数字化发展，而且越来越多的企业踏进跨境电商市场，跨境电商凭借其便捷性逐渐成为电商业的主体。

随着数字经济在快速发展，全球网络零售规模保持快速增长。2022 年，全球网络零售额、全球总零售额分别达到 5.54 万亿美元和 27.29 万亿美元，增长率依次为 10.9% 和 -1.3%，网络零售在总零售中占比由 2020 年的 17.9% 上升至 2022 年的 20.3%，网络零售对全球居民消费的影响力日益增大。

全球物流和线上支付的发展进一步促进了跨境电商的发展。2021 年，数字钱包超越信用卡成为全球电商销售的主要支付方式，交易份额达到了 49%，其次，信用卡为 21%、借记卡为 13%。

从电子商务地理范围看，电子商务跨境化发展趋势明显。从当前各大电商企业的采购计划和数据来看，跨境电商的数字化转型、消费升级正成为趋势。对于海外商家来说，中国跨境电商的蓬勃发展为海外商品进入中国市场提供了新的营销渠道，同时也为中国产品走向世界带来了广阔的商机。

具体来讲，跨境电商的数字化升级为买卖双方提供了精准的“人、货、场”信息匹配服务和交易信用保障，使买卖双方同时具有高效的履约体系，从而完成商家数字化信用和数字化体系的构建，实现跨境贸易的数字化重构。目前，全球外贸链路环节有 20 多个，国际站平台只是其中的一个营销场景，如果国际站将更多的外贸环节数据沉淀于平台之上，就会更清晰地将买卖双方的“画像”勾勒出来，更能进行精准匹配。

例如，来自印度的厂商买家，他如果在国际站沉淀的数据中发现有一位曾出口过印度的卖家，且其产品质量、发货速度、买方评价等信息都有很高的好评率，那么他就会倾向于选择这位卖家交易，这便是数据反哺平台，做到“人、货、场”的重构。

阿里巴巴国际站——跨境电商“一站式服务管家”就成功诠释了“人、货、场”的信息匹配服务。成立于1999年的国际站是阿里巴巴集团的第一个业务板块，现已成为全球领先的跨境贸易B2B电子商务平台，也是中国与“一带一路”沿线国家跨境电商贸易往来的优质“一站式服务管家”。每天，包括“一带一路”沿线国家在内全球200个国家和地区，有1000万海外采购商活跃于国际站，并产生超过30万笔的循环订单。近几年，“一带一路”沿线国家在国际站上的活跃买家实现了大幅度增长，从2015年的232万家增长到了2017年的474万家，平均一年增长超过40%。

同时，在国际站的采购节中，“一带一路”沿线国家表现出了良好的发展趋势：2018年9月“采购节”，交易额增速超过200%的国家，除去类似美国这样的传统交易大国，俄罗斯、越南、印度表现抢眼；2019年3月“新贸节”，卖家数增幅最大的前10个国家中，“一带一路”沿线国家占到一半，交易额增幅超过100%的国家，几乎均为“一带一路”沿线国家和正在推进“一带一路”合作的国家。可见，我国跨境电商发展势头良好，未来一片光明。

我国跨境电商虽然发展时间不长，但是发展速度较快；虽然相关的管理和法律法规还不够完善，不能完全适应跨境电商快速发展的需求，但政府正在积极推进相关政策，新技术、新模式也在不断创新。所以，我国跨境电商的数字化转型有望得到新一轮的大发展。

一方面，政策“红利”持续释放，使跨境电商数字化迎来了新的发展机遇。2019年召开的国务院常务会议部署完善跨境电商等新业态促进政策，提出支持跨境电商新业态的发展，是适应产业革命新趋势、促进进出口稳中提质的重要举措。下一步要在现有35个跨境电商综合试验区基础上，根据地方意愿，再增加一批试点城市。试点城市的增加，有助于将前期跨境电商园区的先进经验进行复制，完善和推动中国跨境电商的发展成熟。

另一方面，“无票免税”政策。对跨境电商综合试验区电商零售出口落实“无票免税”政策更便于企业的所得税核定征收。所谓“无票免税”，是指出口企业只要登记相应的销售方名称、纳税人识别号、货物名称、数量、单价和总金额等进货信息，就可以享受免征增值税的优惠。这一政策的落实大大减轻了跨境电商企业的人力、时间成本，加快了退税进程。

不断创新的智能分拣系统、CT智能审图判图等高科技装备以及不断革新的数字技术为跨境电商的出口积极赋能。以深圳机场国际快件运营中心海关监管区为例，跨境电商出口正在变得越来越便利，规模也逐渐增大，从入园到出园的车辆无须检验，只需要30min。来自深圳海关的数据显示，2019年前5个月，深圳海关共验放786万票跨境电商零售出口货物，总货值20.5亿元，从事相关业务的物流企业也从最初的3家增加到14家。

其实，无论是在发达国家还是在新兴市场，网购都在覆盖更广的人群，而中国制造也逐渐向普及化发展，同时，“一带一路”建设也为中国跨境电商卖家提供了快速布局沿线国家市场的机会。国家统计局数据显示，2022年，我国出口跨境电商交易规模为12.1万亿元，同比增长了5.2%。其中，3C电子产品、服装服饰配件等传统优势消费品一直是全球跨境电商平台最畅销的品类。可见，国内传统优势产业基础和产业带正在快速赋能跨境电商走向更好的发展。

与此同时，跨境电商出口的模式和方式也在不断创新。其中，出口B2B平台普遍由纯信息服务模式向在线交易模式及综合服务商角色转变，从提供单一的服务向多种服务并举转变，满足中小外贸企业线上化发展需求，增强平台用户黏性及盈利能力。

另外，海外仓的方式也在提升国外消费者的体验。所谓海外仓，就是卖家准备好货物，然后整批发到海外仓，通过海外仓的后台系统下达订单，然后操作人员根据卖家的订单指令做终端派送，这种方式对于优化电商供应链体系、提升物流配送时效和降低单件物流成本都有助益。

跨境电商的数字化成为制造业国际化的要道。近年来，我国跨境电商发展迅猛，成为制造业企业拓展海外市场的重要通道，大批制造业企业积极搭乘跨境电商的快车，市场触角延伸到全球各个角落。一方面是因为跨境电商能够有效化解产能过剩的平台；另一方面是因为跨境电商能够有效协助企业连接国际市场的通道。例如，浙江奥康鞋业通过兰亭集势，实现对200多个国家的广泛销售；福建九牧王服装集团通过使用跨境电商平台，市场边界得到大范围拓展，实现了全球近30个国家男装市场的部署；广东鹰牌陶瓷集团通过TradeKey跨境电商平台开展网络销售，将业务拓展到全球180多个国家。可见，跨境电商发展势头强劲，将逐渐演变为制造企业国际化的主要渠道。

第三节 赋能民生：民生行业的数字化转型

一、赋能教育：教育行业的数字化转型

随着数字技术的不断发展，大数据、互联网、人工智能等新技术的应用范围也在不断扩大，其智能、便捷和普惠的优质特性已经逐步渗透到教育领域，推动着教育走向数字化、智能化，这不仅有效地促进了教育公平，而且重塑了教育新业态。目前，

随着人工智能技术的不断成熟，它与教育领域结合得更加紧密，赋能教育行业转型升级呈现出显著的优势。

人机协同的教育可以促进学生个性的成长，激发教育个性化的发展。随着人工智能时代的到来，人机协同的教育方式使学校无论是教还是学，都让学习形式变得更加个性化，我们一直追求的“因材施教”“关注每个学生的成长”，由于有了技术的支持而变为现实。

在教的方面，教师是教育中的关键要素，教师的专业能力、对学生的态度是决定教育质量的重要因素，教师质量差异也是导致教育不均衡发展的因素之一。

在目前的班级授课制下，即使优秀的教师也无法准确地了解每个学生的学习障碍和进行一对一的精确辅导，而人工智能虚拟教师会成为教师的得力助手，帮助教师完成很多工作，如答疑、批改作业、心理辅导、日常管理等。另外，人工智能还可以汇聚、叠加更多的专家智慧，增强教师的工作能力，使其能够突破传统班级授课制的局限，创造性地应用多种教学方法和工具，实现对每一个学生的个性化和精细化关注。因此，在人工智能虚拟教师的帮助下，教师可以花更多的时间与学生交流沟通，从而促进学生更好地成长。

在学的方面，人机协同可以改变学生的学习方式。大数据的精准教育可以为每个学生提供更精准的学习诊断和分析，通过建立个人学习成长档案，满足学生个性化发展的需求，进而提供最适合每个学生的学习方式。人机协同还能实现泛在学习。例如，重构学习社区、智能学习平台和终端可以让学生随时随地进行学习，学习社区的构建打破了原有的班级、年级概念，学习群体可以任意选择不同的学习内容、学习时间、学习等级等，同时还可以实现远程协作学习。

智能教育的共创共享、跨界融合促进了教育生态重构，也引发了教育的供给侧改革。随着智能学习环境的逐步建立，自由学习成为可能。无论是从知识技能的获取，还是从育人的角度，学校都不再是孤立的，学习的时间与空间打破了学校的界限而扩展到更广阔的社会、企业、博物馆等，它们都将成为学习内容的提供者和学习场景的承载者，教育资源会更加开放共享，教师和学生都可能是学习资源的提供者和使用者，形成共创共享的教育生态。

教育供给也将变得更加多样化。人工智能和大数据技术的应用可以更好地突破物理空间和实体条件的限制，使得学习受众群体的广度和知识信息的跨度发生巨大的变化，每一个学习者可以得到更加个性化的学习内容和方式。在知识大爆炸的当今时代，可以通过人工智能算法更好地为每一位学习者制定出合适的内容、合适的难度、合适的方式等个性化策略，为实现“因材施教”提供了无限的可能。

人工智能对教育领域可谓全方位赋能。人工智能对教育的赋能具体表现在以下几个方面。

首先，人工智能赋能管理。人工智能技术会帮助学校和机构实现智能化管理，从招生到日常管理、从考勤到校园安全、从选课到学生过程性数据的采集分析，支持学生的职业生涯规划等。智能管理不仅提高了工作效率，也使教育管理基于数据分析实现了科学决策。

其次，人工智能赋能学生。智能时代对适应未来的人才的培养目标提出了新要求，从而带来教育内容、教育结构的调整，但人工智能对教育最直接的影响还是学习方式的转变，使个性化、定制化的学习成为可能。

最后，人工智能赋能教师。如同上述人机协同的教育，人工智能技术使教师从繁重、重复的工作中解脱出来，如利用机器学习、图像识别、自然语言处理、大数据分析等技术从词汇、句子、段落、语法等多个角度批改学生的作业，学生得到分数后根据所给的建议和标注的错误修改作业，得到进一步提高。同时，人工智能还可以使优质教师资源以更适切和个性化的方式辐射更多的学校，解决资源与学情不匹配、难以发挥作用的问题，从而更好地促进优质教育资源均衡，推进教育的公平发展。

人工智能与教育的深度融合展现出了很大的优势与发展前景，未来教育发展趋势必定是与智能相结合，才能更好地利用人工智能发展教育，提高教育质量和效率，促进个性化学习，面对教育的数字化转型，应高度重视人工智能的教育培训。

第一，推进人工智能素养教育和实践活动。良好的学生培养方案是素质教育的起点，首先要做的就是遵循教育教学规律和中小学生身心特点，注重基础人工智能教育的培养，与此同时，增强创新能力和应用能力的锻炼，改变“填鸭式”教学方式，从而提升人工智能素养教育水平，促进学生全面发展。在实行人工智能素养教育时，也要将人工智能的综合社会实践活动和开放性科学实践纳入学习范畴，将理论联系实际，突破优质均衡发展的瓶颈。对于传统教育资源不合理分配的问题应该予以解决，要扩大人工智能教育覆盖面，缩小中心城区、远郊区和校际差距，精准推进基础教育携手并进，最终实现兼顾个性化和规模化的高质量人工智能教育发展。

第二，对于学校的学科设置方面，加快人工智能领域学科专业建设，努力实现人工智能与传统教育的融合，提升各类人才的创新精神和实践能力。目前，很多高校已经设置了人工智能学科方向，加大了人工智能领域学科投入，这样不仅推进了人工智能方向复合型人才的培养，而且加快了人工智能领域成果和资源向教育教学转化。同时，很多高校也推出了人工智能与计算机、控制、数学、心理学等专业的交叉融合，逐渐形成“人工智能 +X”的人才培养模式，即培养贯通人工智能理论、方法、技术等的纵向复合型人才，以及掌握人工智能与经济、社会、管理等的横向复合型人才。通过学校与学生的努力协作，会把人工智能建设成为高精尖的学科，助推教育行业的数字化转型。

第三，教师人工智能的教学水平对于学生的提升也是至关重要的，要加强教师对人工智能知识的学习。首先，需要加大教师对人工智能知识和技能的培训，推动高校教师与人工智能行业工程技术人员、高技能人才双向交流，并且支持高校教师参与到中小学人工智能素养教育及相关的研究工作中，以不断增强教师应用人工智能的能力。其次，可以引进和培养人工智能领域高水平创新人才，面向人工智能领域重大问题和关键技术，汇聚国内外人工智能高端创新人才，进而打造高水平的人工智能创新团队。

第四，深化人工智能科技创新平台建设。政府要通过政策引领和激励措施，鼓励人工智能相关机构加大创新力度，组织机器学习、计算机视觉、深度推理等人工智能前沿核心技术攻关。企业可以基于人工智能领域的基础理论、核心关键技术等需求，统筹部署人工智能科技重大项目，鼓励和引导高校对大数据智能、跨媒体感知计算、群体智能等人工智能基础理论的研究。深入推进人工智能领域“政用产学研”合作和科教融合，引导高校、科研院所和企业等主体协同创新，从而推动人工智能技术创新与转化应用。

人工智能对传统教育领域带来的颠覆性变革，使各国都高度重视人工智能高端人才的培养，不仅高等院校设立相应学科，打造复合型人才培养模式，改变教学方式，而且也加强了基础教育的配合，在基础教育中重视数学和理科，改变学习方式，培养审辩式思维与创造力。全社会积极推进“产学研”合作，打破校企的边界，共同打造培养人才的实践平台。

总之，人工智能技术与教育的结合更好地促进了教育发展，培养了社会所需人才。随着生物识别技术、自适应技术、大数据等技术的发展，会进一步推进人工智能与教育的融合，使人工智能时代的教育更关注学生成长，以人为本，促进学生全面发展，从而大力推动教育的数字化转型。

二、赋能交通：交通行业的数字化转型

数字交通是数字经济发展的重要领域，以数据为关键要素和核心驱动，促进形成物理和虚拟空间的交通运输活动不断融合、交互作用的现代交通运输体系，加快交通运输信息化向数字化、网络化、智能化发展，为交通强国的建设提供重要的支撑。数字交通既包括对交通的精细、动态和智能控制，也涵盖了便捷且安全的交通出行服务，是数字经济在民生领域与社会治理的交集。数字交通的发展极大地改善了民生，创新了社会治理，方便了人们的生活，提高了居民幸福指数。

构建数字交通，毋庸置疑，是以“数据链”为主线，构建数字化的采集体系、网络化的传输体系和智能化的应用体系，这样便可以加快交通运输向数字化、网络化、智能化发展，实现交通的数字化管理。下面介绍这三个体系。

首先是构建数字化采集体系。第一，布局交通重要节点的全方位感知网络，构建

数据采集系统，这就需要掌握所有交通点的情况。所以，布局交通重要节点的全方位感知网络是首先要做的，具体要推动铁路、公路、水路领域的重点路段、航段，以及隧道、互通枢纽等重要节点的交通感知网络覆盖，这就需要进行交通感知网络与交通基础设施同步规划建设，深化高速公路ETC（即电子不停车收费系统）门架等路侧智能终端应用，建立云端互联的感知网络。第二，构建载运工具、基础设施、通行环境互联的交通控制网、基础云平台，载运工具、作业装备的智能化设施，这样才能更好地融入数字化的采集体系。第三，要多应用具备多维感知、智能网联功能的终端设备，提升载运工具的远程监测、故障诊断、优化控制等能力，同时推动自动驾驶与车路协同技术研发，鼓励物流园区、港口、铁路等运输站点广泛应用物联网、自动驾驶等技术，加强信息共享和业务协同。

其次是构建网络化传输体系。网络化的传输效率主要依赖于数字基础设施的建设，所以要加强交通运输基础设施与信息基础设施一体化建设，促进交通专网与“天网”“公网”的深度融合。安全的信息传输方式也至关重要，一般数字化传输从两个方面完成：一是信息的加密和编码，工作人员在发送信息之前对信息进行特殊的算法处理，使信息加密；二是信息的解码和还原，接收到信息后，工作人员需要将经过加密处理的信息还原，得到原始的数据信息。同时，推进车联网、5G、卫星通信信息网络等部署应用，更好地完善全国高速公路通信信息网络，力争做到多网融合的交通信息通信网络，这样便可以提供广覆盖、低时延、高可靠的网络通信服务，强化网络化传输。

最后是构建智能化应用体系。在构建智能化应用体系的内容上分为以下三个方面。

一是打造数字化出行助手，即促进交通、旅游等各类信息充分开放共享、融合发展。平台型企业要深化多源数据融合，整合线上和线下资源，同时各类交通运输客票系统充分开放接入，为旅客提供全程出行定制服务，打造数字化出行助手，使出行成为一种按需获取的即时服务，让出行更简单。要推动“互联网+”便捷交通发展，鼓励和规范发展智能停车、智能公交、网络预约出租车等城市出行服务新业态。

二是推动物流全程数字化，即大力发展“互联网+”高效物流新模式、新业态，加快实现物流活动全过程的数字化。推进铁路、公路、水路等货运单证电子化和共享互认，提供全程可监测、可追溯的“一站式”物流服务。同时，各类企业加快物流信息平台进行差异化发展，推进城市物流配送全链条信息共享。依托各类信息平台，加强各部门物流相关管理信息互认，构建综合交通运输物流数据资源开放共享机制。

三是推动行业治理现代化，即完善国家综合交通运输信息平台，提高政务服务、节能环保等领域的大数据运用水平，实现精确分析、精细管理和精心服务。要建立大数据支撑的决策与规划体系，推动部门间、政企间多源数据融合，从而提升交通运输的决策分析水平。同时，进一步推进交通运输领域“互联网+政务服务”，实现政务服务同一事项、同一标准、同一编码，进而推进交通运输综合执法等系统建设，提高执法装备智能化水平，如在线识别和非现场执法。

举一个成功发展数字交通的例子：乌鲁木齐市沙依巴克区利用数字技术解决道路拥堵。沙依巴克区的高峰时段拥堵路段主要集中在宝山路、西北路、自治区中医医院等，天山区高峰时段拥堵路段主要集中在西大桥、北门、南门等，根据监测的数据，乌鲁木齐市建设局交研中心一方面梳理出突出问题，制定对市民出行影响大、投入少、见效快的疏堵改造行动方案；另一方面，结合本市总体规划的发展目标与城市格局定位，系统研究本市的城市结构、出行特征、交通系统供给能力，寻找拥堵产生的根源和深层次原因，确定长期治本的城市交通发展策略。通过对数据进行分析、现场实地查看后发现，宝山路与哈密路交叉口为畸形交叉口，未进行有效渠化交通，标线识别性不强，四个方向比较拥堵，行人过街距离较长，过街困难，所以对整个交叉口范围的标线重新施划，加强地面标线的识别性，有效保障行人过街安全，整体改造使得交叉口交通组织更为人性化。

同时，通过道路平面优化、交叉口渠化交通等方式，将原五路交叉口优化为四路交叉口，大大提高了交叉口通行效率。目前，每个月全市路网运行平稳，全路网工作日高峰时段平均交通指数为“基本畅通”等级，全路网工作日早、晚高峰时段拥堵路段主要集中在高新区、沙依巴克区和天山区，晚高峰日平均拥堵里程大于早高峰。可见，基于交通运行与拥堵指数分析系统监测的数据，再结合乌鲁木齐市交通规划模型，更加容易地分析城市居民出行需求、出行分布和出行方式等，并且能够将其应用于乌鲁木齐道路交通新建、改建规划方案研究，以及公交线网优化等的量化分析与方案评估之中。

同样，兰州市也将数字技术应用到交通治理过程中，实现了交通的数字化转型。兰州市面对人口激增、机动车数量剧增导致的交通拥堵、安全事故频发的问题，传统的交通治理体系已无能为力。恰逢交通数字化转型的大趋势，近年来，兰州市不断完善智慧交通体系，强力推进智慧交通建设，探索构建“云端 + 数据 + 应用”的交通大数据决策应用体系，逐步推动交通管理由“人海战术”向“智慧管理”转变，提高了城市交通拥堵疏解能力，使交通管理水平得到有效提升，产生了良好的社会效应。这样的转型升级既减少了人们出行时间，又提高了出行的效率，为居民出行提供了极大的便捷，也使得交通运行与交通管理效率大幅提升。

可见，随着人民生活水平的不断提高、城市化进程的日益加快，交通行业数字化转型的发展对于解决城市道路交通问题具有重要意义。数字交通技术的应用给我们带来了许多的便捷服务，但同时也存在许多挑战需要克服，只要我们能做到加强对交通数据信息系统规范，并提升其整体服务能力；确保智慧交通系统中数据的真实性，完善管理制度，加强对数据的管理，我们的道路交通问题就会越来越少，城市交通的智慧化程度也会越来越高。

三、赋能医疗：医疗行业的数字化转型

医疗是重要的民生领域，它直接关系人民群众的健康安危。随着大数据、5G、人工智能新技术的快速发展，医疗逐渐走向数字化转型，现已打造了健康档案区域医疗信息平台，利用最先进的物联网技术，实现了患者与医务人员、医疗机构和医疗设备之间的互动，逐步达到信息化。数字技术在医疗领域的应用也取得了长足发展，实现了医疗过程透明化、医疗流程科学化、医疗信息数字化和服务沟通人性化，达到了提升医护工作效率，为数字医疗注入了新活力。这样的转型必将激起医疗领域的大变革，重塑医疗领域新业态。

传统的信息化技术程度不高的医院存在很多的问题，如患者就医不便、医护工作效率低、内部管理制度落后等。面对数字经济带来的新机遇，医疗的数字化转型迫在眉睫，这不仅是解决这些问题的好时机，还是重塑医疗行业的重大历史机遇。

首先，增强了患者就医的便利性。传统挂号方式是排队，这样不仅花费的时间长，而且效率也非常低，可能经常出现长时间排队后无号可挂情况。但是现在增设了手机预约挂号和医嘱查询服务等网上服务功能，可以利用信息化技术建立信息查询系统，只要病人或病人家属将住院号或者手机号输入查询系统中，就能查询从入院到现在所有的费用支出清单，而且还能查到疾病的具体情况，这使得就医难的问题得到了有效缓解。

其次，提高了医护工作的效率。通常，传统医院录入病人的关键信息时都采用人工笔录，纸质版存储病例内容可能会出现漏记或者管理不善的问题，导致无法进行信息共享和整合，从而难以支持跨领域的综合分析。随着互联网、大数据等新技术的发展，医院加入了电子病例的使用，电子病例具有查询方便、保存完整性高等优点，电子病例的使用可以利用信息化技术实现。在此过程中，利用计算机软件对病例内容展开实时保护和管理，使得记录方式更加简洁，管理更加方便，避免出现病例内容丢失等现象。

最后，提升了医院内部管理制度。传统医院信息化系统虽然比较完善，但是设备的数据化应用和智能化改进进展较慢。常用的系统包括医院综合管理系统、医院信息系统、OA（即办公自动化）系统、实验室信息系统、医学影像归档及传输系统、放射学信息系统、远程会诊系统和后勤能耗监管系统等，但整合度不高、数据不统一。

整合的智慧医院系统平台能除去不同系统间的壁垒和各种重复环节，在降低医院运营成本的同时提高运营和监管效率。整合的智慧医院信息系统能对就诊量、患者检查及出入院情况、医生用药情况、医保基金使用、财务结余、后勤能耗及运维费用等涉及业务运作的每项数据做到实时监控，合理进行内部管理。

另外，传统医疗资源分布不均，跨地域就诊难，一直是医疗领域发展的痛点。但是，

随着5G时代的到来，这些摆在眼前的就医难题似乎有了化解的希望。2019年，5G因其特有的高速率、大连接、低延时等特点成了世界各行业的焦点，而它在医疗行业的应用将有效赋能远程医疗、医疗影像、医院数字化服务及医疗大数据等多方面，切实提升广大患者在医疗健康领域的获得感。

2019年7月，大连某医院举办了5G临床应用演示会，成功演示了与基层医院实时的远程会诊、病例讨论、手术指导等医疗过程。在急救车辆运送患者途中，5G网络也充分支持了急救中心专家的实时监护、指导。此前，医院在实施远程医疗演示中发现经常出现视频卡顿、图像不清晰、沟通不流畅等影响因素，这些问题最终导致整个过程中医疗支持质量下降，所能做的查房、示教、手术指导等大受局限。但对于专家而言，出诊、手术、查房、会诊等已经占据了每日的大部分时间，甚至有时精力和体力都难以应付，因此很少有时间深入基层进行指导，但基层医院技术的提升又离不开上级医院的支持，为了平衡两者的关系，“互联网 + 医疗”应运而生。“互联网 + 医疗”的健康服务模式是指以互联网和信息技术为载体，以医疗信息查询、在线疾病咨询、电子健康档案、电子病历处方、远程视频会诊等多种形式的线上医疗服务方式为表现形式，在疾病筛查、预防、风险评估和诊后康复等阶段发挥健康监控作用，这也将成为优化医疗资源配置、推动优质医疗资源纵向流动和改善劳动力就医体验的重要支撑。

可见，在5G技术出现前，互联网能够支撑的是将个别点布上好的网络条件，上级医院与基层医院间只能通过对应点交流，但实际上，基层医院需要的是一个面的支持，而每个点都布上网络却是难以实现的。但5G覆盖后，每个基层医院与上级医院科室之间、病房之间、医疗单元之间，甚至专家教授和基层医生之间，顺畅地交流和探讨成为可能。与4G环境下远程会诊最直接的不同之处是：图像非常清晰，且来回切换时反应时间大大缩短，许多检查、影像信息等也实现了共享。总之，在不久的将来，基于5G技术的优异特性，将带给医疗健康领域更多超出想象的智能应用，真正满足百姓的健康和就医需求。

广为人知的“悬崖村”四川省凉山彝族自治州昭觉县阿土列尔村启动了健康扶贫“5G+智慧医疗”试点项目，以5G网络为基础，结合物联网、大数据等技术，缓解“悬崖村”等贫困地区因交通不便导致的看病难、看病远问题。该试点项目是由四川省卫生健康委员会、中国电信四川公司联合启动的，试点内容包括在“悬崖村”建设5G网络、提供省、州、县多级远程诊疗服务、提供20套健康体征实时监测设备用于5G随访、建立灾难急救无人机送药模式等。基于5G网络，“悬崖村”正在建设电视轻问诊系统，村民不用出村，通过5G网络可以在电视上向四川省人民医院、凉山州第一人民医院的医生进行看病咨询，通过健康体征实时监测设备，还能有效开展健康管理和随访工作。另外，政府还积极探索5G技术与医疗卫生行业的融合应用，促进优质医疗资源下沉，加快解决像“悬崖村”这样的贫困村医疗服务欠缺难题，为贫困群众提供更加公平、可及、有效的卫生健康服务，促进贫困地区医疗健康事业的发展。可见，5G 的这些特性不仅解除了 4G 时代的制约，而且恰巧适合未来的医疗需求。

医疗的数字化转型是将互联网、大数据、5G、物联网等新的信息技术融合到医疗行业，实现医疗信息共享的目的。传统的医疗带来了各种各样的现实问题，造成了人们看病难等各种后果，但数字医疗可以将网民、医生、患者联系起来，让其实现有效互动，在实践中互联网医疗可以利用其数据分析或者资源整合的能力将信息和数据进行综合分析后整理，实现有效资源的合理配置甚至是最优配置。

第四节　赋能金融：金融行业的数字化转型

一、金融生态：数字金融的生态体系

在大数据和人工智能时代，对于金融业这种数据资源最密集的行业，毋庸置疑，也迎来了数字化的发展机遇。互联网、大数据、人工智能、云计算、区块链等新技术的不断渗透，使传统金融的生态体系发生极大的变化，加快了融合数字技术的创新发展，数字金融的生态体系便是数字科技与传统金融的深度融合的结果。

下面简单介绍支付、外汇、财富管理、保险、零售银行等数字金融生态体系中的金融服务。

“支付”一直是金融服务的重要领域，在数字金融的形成过程中，“支付”也发生了数字化转型升级。数字金融中的支付业务融合了大数据、区块链、云计算等新技术，其中使用大数据技术可以对海量的交易数据进行精准分析，云计算进行数据资源的汇总整合，打造出更为场景化和便捷的支付平台，还能开展其他相关业务。目前，阿里巴巴、腾讯推出的第三方支付等非传统金融支付方式，已经占据了很大一部分前端客户市场份额，如微信支付、支付宝、京东支付等。可以说，谁掌握了支付端口，谁就会在金融市场中赢得先机，而银行由于很少推出这种快捷的支付方式，已经逐渐转变为支付的后端通道，而且随着区块链技术的发展应用，银行很可能还会失去支付后端通道。

在外汇方面，国家外汇管理局打造了跨境金融区块链服务平台。这是目前国内金融领域涉及范围较广的区块链平台，也是国内少有的由国家监管部门牵头组织建设的区块链平台。平台的建立既方便了企业，也提高了银行开办业务的效率，有效缓解了中小企业跨境贸易融资难问题，对城市外向型经济的发展也起到了促进作用，更好地服务于实体经济。

在传统出口贸易融资中，传统银行主要依赖于企业提供的线下纸质单据审核办理业务，缺乏核验渠道。如今，平台以区块链技术整合了出口报关数据，利用区块链的数据不可篡改特性，通过“货物流、信息流、资金流”三流合一推动资金“脱虚返实”，这将为银行出口贸易融资真实性审核提供新渠道、新手段，大幅度提升银行出口贸易融资业务的审批效率。

以厦门市成为国家外汇管理局跨境金融区块链服务平台试点为例，作为试点城市，平台上线试点首日，中国工商银行厦门集美支行率先利用该平台为厦门宸展光电股份有限公司办理了出口发票融资业务，全流程线上操作，企业 10min 就获得融资 145 万美元。中国建设银行厦门分行也为所辖 70 家网点设置平台使用功能，并为 4 家客户办理了 6 笔跨境金融区块链上链业务，合计金额近 190 万美元，客户群体涵盖国有、外资和民营企业。可见，厦门引入了区块链技术，不仅增加了办事的效率与效能，而且还能鼓励中小企业积极融资，最终助力实体经济的飞速发展。

财富管理是对客户的资产进行管理，通过向客户提供保险、投资等一系列的金融服务来满足客户不同阶段的财务需求，帮助客户降低财务风险，最终实现财富的增值。随着云计算、大数据、人工智能等新兴技术的应用，银行这种传统金融机构的财富管理业务已经向数字化的服务方式转移，不断创新商业模式，如利用数据分析提高投资准确性和客户个性化定制。以智能化投资顾问为例，利用云计算、大数据等技术，可以低成本、快速精确地获得市场信息，基于最基础的资产理论和其他衍生模型，再结合投资者的风险偏好、财务状况，通过算法自动为用户提供资产配置建议。可见，智能投资顾问不仅改变了客户和理财顾问面对面的传统服务模式，具有成本低、易操作的优势，而且可以避免投资人受情绪化的影响，分散投资风险，信息相对透明，从而使普通客户也能享受到过去只有金融机构高层才能享受到的数字化金融服务。

保险也是金融领域比较传统的一项服务，以物联网、大数据、人工智能为代表的新兴技术的快速发展，极大地促进了保险行业的创新发展。金融的本质就是面对风险的跨期资源配置，所以商业保险活动当然是金融行为，金融科技在保险业变革中的作用是重中之重，可能会从根本上改变和颠覆商业保险模式，更为保险业创新发展提供源源不断的动力。支付宝作为移动支付领域的龙头，旗下的功能也是日益完善，深受网友喜爱，而且支付宝的出现结束了繁杂的现金时代，进入了更为先进的移动支付时代。

互联网保险提供的销售和服务形态，使保险服务渠道从线下的实体网点发展到线上，打破了获取保险服务的时空限制，使客户更经济、方便、高效地享受优质保险服务。而且保险业充分利用线上渠道，得以不断创新保险产品和服务模式。随着数字经济社会的不断发展，保险行业也走向了创新之路。

零售银行在传统的银行业务中一直是最赚钱的业务之一，而在近几年，金融科技创新企业正在一步步侵蚀零售银行业务。很大一部分原因是银行实体网点投资回报率正在逐渐下降，人力成本正在逐渐上升，而大部分业务成本可以通过自具有交易金额小额分散的特点，主要通过银行网点、ATM、网上银行、手机银行等方式进行。在当前技术和制度环境下，科技与金融深度融合，新型零售银行正在探索纯线上的数字银行，不设立任何的物理网点，实现远程开户，借助现代科技提供体验更佳的金融服务。

中国数字金融起步于公益性小额信贷，后来扩展为支付、信贷等多业务的综合金融服务，并由于网络和移动通信等的广泛应用而得到长足发展。中国数字金融的发展极大地提高了金融服务的可得性和便利性，依托于互联网、大数据、人工智能、云计算、区块链等新兴技术，使得对于原先无法接触到金融的群体来说有更多的机会去接触。尽管中国的传统金融也在迅速发展，但由于数字金融的普及性更高，现在的人们又基本上人人一部手机上网，数字金融便提高了人们使用金融服务的便利性，推动了金融的数字化转型。

二、赋能金融：金融行业的数字化转型

金融行业是一个很容易被技术牵动的行业，几乎每一次技术的进步都会使金融业随之发生变化，在如今的数字经济时代，数字技术也将给金融业带来伟大的变革。数字科技将在金融行业中得到充分应用，但这并不会使金融的本质发生变化，而是在一定程度上大大降低金融的交易成本、创新交易方式和种类，最终实现金融行业的智能化、普惠化发展。

在数字技术的作用下，中国金融业可谓跑步进入数字金融时代。数字金融泛指传统金融机构与互联网公司利用数字技术实现支付、财富管理、保险等其他的新型金融业务模式，在中国主要有两种表现形态：一种形态是强调数字金融的科技属性，与金融科技的概念比较接近，指利用移动互联网、大数据分析、人工智能、云计算等数字技术来帮助金融机构解决传统金融业务模式中的痛点，这也是发达国家数字金融的主要表现形态；另一种形态是强调其金融属性，与互联网金融的概念更为接近，即互联网科技公司利用数字技术提供以移动互联为主要特征的替代性金融服务，弥补传统金融服务的短板。

中国金融的数字化转型经历了以下几个不同的发展阶段。

第一阶段是从 20 世纪 90 年代开始的传统金融机构的互联网化，中国的商业银行最初开始将互联网技术应用到金融服务中。主要体现在大力推行后台服务实现 IT 化，如通过自动取款机、网上银行、手机银行等多种终端向用户提供金融服务。1997 年，中国银行和招商银行在国内率先推出网上银行，同时推广借记卡和信用卡支付。当时人们就发现，数字技术不仅可以帮助金融机构提高工作效率和降低服务成本，而且能够突破其物理服务网点和营业时间的限制，从而加快资金融通的速度，给用户带来便

捷省时的服务。但这一阶段的数字金融主要集中在简单的业务咨询、存取款、支付等基本的金融服务，用户和金融机构的连接相对薄弱，所以用户信息和金融交易数据的价值没有得到充分体现，仅仅反映在账户安全保障和金融产品销售方面。

第二阶段是中国的互联网金融时代。结合数字技术的优势，金融科技企业如蚂蚁金服、腾讯金融利用自身的海量用户，提供了互联网移动支付、网络借贷、互联网财富管理、互联网保险、网络众筹等金融服务。自2013年起，中国互联网金融业抓住了智能手机快速普及的历史机遇，积极推进技术和产品的不断创新升级，使业务规模持续增长。北京大学互联网金融发展指数显示，自2014年年初起，互联网金融规模在以每年翻一番的速度增长。在支付领域，中国第三方移动支付交易速度快、规模效应高的成本优势不断凸显；在网络借贷领域，数字技术简化了贷款流程，降低了借贷风险。另外，我国中小企业普遍存在显著的外部融资约束，而互联网金融的发展能够降低中小企业对内部现金流的依赖性，起到缓解中小企业外部融资约束的作用，从而在一定程度上解决中小企业融资难、融资贵的问题。

这一阶段互联网金融的发展弥补了用户与金融机构连接相对薄弱的劣势，金融服务与人们的衣食住行等生活场景紧密结合，从而使人们更加积极地参与各种金融类产品和服务。在互联网金融发展过程中，我国逐渐产生了许多企业致力于研究人工智能、云计算、区块链等前沿技术，这对于数字技术和传统金融的结合也有显著的帮助，创造出了许多金融服务类产品。可见，金融的数字化转型逐渐显示出了强大的发展优势，对于驱动全球金融科技进步和市场发展提供了新动能。

第三阶段是数字金融时代。互联网金融的快速发展给商业银行带来了巨大的竞争和转型压力，这就推动中国金融进入第三个发展阶段——数字金融时代，金融的数字化是一种新的金融服务体系，具体来说，它以新技术和数据为驱动力，以信用体系为基石，克服了传统银行服务成本高、金融服务效率低的弊端，使所有社会阶层和群体平等地享受金融服务，并且它与日常生活和生产紧密结合，促进所有消费者在改善生活、所有企业在未来发展中分享平等的机会。换句话说，商业银行、中国银行等其他传统金融机构与金融科技企业展开深度合作，在战略、组织和金融产品层面上全面推进金融业的数字化转型，打造更加数字化和智能化的综合型金融服务平台。

由于目前商业银行在中国金融体系中仍然处于主导地位，是提高金融服务实体经济效率的关键，并具有服务集团客户的经验和流动性风险管理的优势，因此，以商业银行为代表的传统金融机构全面拥抱数字金融，就意味着中国的金融业开始进入数字金融时代。

从金融一步一步走向数字化转型可以看出，金融科技并不是突然产生的新事物，而是随着数字金融的发展而不断创新的。也就是说，技术创新与金融创新始终紧密地相连。数字金融发展以来，传统的支付业、财务管理业、保险业、消费金融业、证券交易等金融服务发生了重大转变，国家积极投入大量资金将数字技术应用到传统金融业务服务中，不断促进金融的数字化转型，实现金融与科技的深度融合，从而带动金融企业与科技企业的进一步融合。

2020 年，我国金融机构累计技术资金投入达 2691.9 亿元。从金融机构技术资金投入结构来看，支付业务投入占比最高。艾瑞咨询预计 2019—2022 年，中国金融机构技术资金投入将继续增加，到 2024 年预计将达到 5775.5 亿元。

在支付领域，根据中国人民银行数据统计，2022 年银行金融机构共处理支付业务 2789.65 亿笔，而非银行支付机构发生网络支付业务 10241.81 亿笔。非传统的支付方式已经赶超传统金融机构。例如，支付宝、微信等第三方支付模式的广泛应用，这些新形式的支付交易模式推动着我国支付业务技术资金的投入规模增长。

在银行理财领域，传统银行理财业务除了选择与具备流量优势的互联网金融公司合作，还进行了自身技术的创新和强化。目前，银行信息化建设已经相对成熟。

近几年，伴随着智能化应用的逐渐发展和信息化建设投资力度的加大，中国保险企业也开始加大保险科技投入，其中，头部保险企业和互联网保险公司的布局更加迅捷，以中国平安、中国人寿、中国太保、中国人保为代表的大型保险机构纷纷将“保险＋科技”提到战略高度，并且积极出资设立保险科技子公司。

在消费金融业务领域，金融科技的有效使用主要体现在使平台更好地利用其业务中产生的数据，定制和优化其产品模型和风控模型，从而降低坏账风险，满足用户需求。消费金融业务在前沿科技的各项技术中，云计算、人工智能、大数据技术的投入占比都很高。

据统计，2021 年证券行业信息技术投入金额为 338.2 亿元，同比增长 28.7%，占上一年度营业收入的 7.7%；其中有 10 家券商的投入均超 10 亿元，信息技术投入占营业收入比例超 6% 的券商有 20 家，而不少中小券商也将金融科技视为核心竞争力之一，华林证券、华鑫证券的投入占比均已超 20%；不过中信证券、中信建投等部分头部券商的投入占比均在 6% 以下。在资金投入中，对不同应用前景的技术，其侧重点也有所区别。例如，对云计算与大数据的基础建设，以及 AI、RPA、IPA 这类应用场景明显的技术，将作为投入重点；区块链等这类以应用探索为主的技术，将主要由头部企业进行投入。

随着数字技术的不断革新，智能客服、RPA、IPA 等技术将逐渐替代传统金融业务中的流程化、重复性的人力工作。智能客服的利用率逐渐增加，不仅可以提供 24 小时的不间断服务，而且极大地降低了错误率。另外，提升人工替代率，用技术替代人力大大降低了人工服务成本的投入，全面实现银行业的数字化转型。

进一步说，金融的本质就是服务实体经济，是与人们的日常生活和生产紧密结合的。真正将金融与生活、生产融为一体，对普通消费者而言，金融不再是冷冰冰的金融产品，而是余额宝、花呗、芝麻信用等已成为家常便饭的生活方式的改变，为实体经济的发展带来了新的商业模式；对企业而言，尤其是中小型企业，数字金融增加了实体经济的融资渠道，通过大数据技术获得客户的数据信息，并以此甄别客户的信用状况和经营状况，不需要资产抵押就可以为他们提供相应的金融服务，有效解决了“长尾人群”融资难的问题。可见，数字金融降低了实体经济获得金融服务的成本，低门槛、低成本的金融服务成为万众创新、大众创业的保障。

近年来，中国数字金融走在世界前列，其发展大大降低了金融的风险，无论是传统银行的数字转型，还是新型互联网企业发展起来的数字金融系统，面向农业、小微企业、创新型企业、供应链企业都提供了之前难以提供的服务，都能更好地服务于实体经济，对实体经济的发展、复苏和转型提供了强大的助力与赋能。

三、监管挑战：数字金融监管模式的创新

数字金融作为一种新的金融生态体系，它的健康发展离不开管理者的监管。金融科技来势汹汹，其天生的技术优势会给金融发展带来机遇和变革，但其监管也会同时面临许多的挑战，一旦监管不当，随之而来的就是巨大的破坏性。当前，绝大多数国家和地区都要求数字金融创新必须遵循现有金融监管的基本原则，以确保一致性和便于管理。因此，面对日新月异的金融科技，各国政府也在积极调整监管机制，确保数字金融能够健康稳定地发展。

（一）我国网络金融监管的现状

我国数字金融服务的业务已进入高速发展阶段，数字金融的业务种类很多，业务量较大，数字金融业务基本已经成为较为普及的盈利手段。当前，我国的证券交易基本实现了全国联网，网上炒股日益发展。传统金融机构也都建立了各地的局域网，其中，中国银行已建立了以总行数据处理中心为核心，辐射海内外的网络化应用体系。互联网的快速发展也给我国金融业注入了新的活力，它不仅方便了客户，而且大大降低了金融运营成本。

同时，我们也遇到了不少关系金融安全的问题。例如，非法入侵金融机构的网络系统，攻击金融组织的数据库；通过网络盗取他人股票、金钱的行为也开始出现，种种行为都给数字金融监管提出了更大的挑战，使得国家的金融安全受到很大威胁。在硬件技术方面，我国所用的计算机硬件设备主要依靠从美国公司进口，但美国对其他国家实行技术上的保留，持续的贸易战让我们认清关键技术不能受制于人。因此，华为的强势崛起让我们有信心发展自己的数字技术。在对数字金融的监管政策方面，由于数字金融发展不均衡，而且不同金融科技类别的监管存在较大的差异，各个国家和地区对数字金融的界定尚未达成共识，我国的数字金融监管模式也没有达到与金融科技智能化、技术化的发展同步，相应的治理和法律机制还不成熟。

首先，我国互联网金融的飞速发展使其监管措施和手段都较为落后，不能有效针对互联网金融出现的问题进行解决，国际上互联网金融的发展不能为我国提供有效的可供参考的实践经验，因此我国在互联网金融的监管中缺乏相关行业的法律约束。

其次，由于我国很多金融机构采用的是与科技公司合作开展网络金融业务的发展形式，而这是监管政策中的一个漏洞。对于金融隐私保护法或银行秘密保护法，我国还没有较为完善的政策法律，绝大多数商业银行也没有做出一些必要的隐私声明，这会使客户因权利没有得到保障而减少对网上金融服务的需求，影响我国数字金融业的正常发展。

最后，我国对数字金融业务的市场准入监管是比较严格的，只有具备条件的金融机构才能开展数字金融业务，这虽然能够有效地防范风险，但在一定程度上也阻碍了数字金融业务的发展。

从监管内容来看，目前的金融发展仍然将机构审批和经营的合规性当成监管重点，而对企业的风险监管涉足不深。没有建立稳定的市场退出机制，主要采取撤销和破序等方式，只能由政府和中央银行采取行政性的手段加以解决，国家财政和中央银行为此投入大量资金，同时也带来了一些不稳定因素。在监管范围上，重视国有商业银行，对其他银行和非银行金融机构的重视程度不够，对新出现的网络银行的监管基本属于空白。可见，监管内容和范围过于狭窄，这势必会影响监管工作的有效性，使监管无的放矢。因此，从我国现有情况来看，对数字金融进行适当的监管是非常必要的。

（二）其他国家数字金融的监管模式

随着金融监管机构的协同性和统一性的提高，美国对金融机构的处罚呈现出联合执法的趋势，且联合执法的罚款金额都较大，带有惩罚性和目的性。美国的刑事诉讼制度赋予执法者很大的自由裁量权，使他们可以选择性执法，因此金融机构的违规行为一旦被美国发现并证实，美国相关机构会联合对其采取严厉的惩治措施，轻则督促其提升合规、进行整改，重则吊销其营业执照或禁止外国金融机构在美国开立账户、开展业务。美国监管模式虽然对金融机构的违法者处罚非常严格，但对于数字金融的准入和经营体的规范性监管采取谨慎宽松的政策，与传统的金融监管相比，数字金融的监管在监管体制、监管机构和监管分工方面都没有太大变化，这使得数字金融市场的准入门槛很低，现有金融机构可直接进行数字金融业务，无须申请或备案。由此可见，美国模式的主要目的在于促进数字金融这一新事物的发展，政府采取不过分干预的态度，只是通过补充处罚力度的法律法规，以保证其安全稳健发展。

欧洲模式是采取一套独立的方法对数字金融进行专门监管。为达到增强国家之间监管的合作、提高监管效率，欧盟各成员的监管机构具有监管统一标准，这样不仅可以提供一个清晰、透明的法律环境，而且可以适度审慎和保护消费者的权益。英国作为世界领先的金融科技国家，在鼓励金融创新的同时，也十分注重对金融科技可能存在的风险进行防范，源源不断地出台监管政策，对金融科技产业的规范主要采取适度性监管模式。

此外，许多亚洲金融发达国家也注意到金融科技的发展价值，在开展金融科技发展的同时，也陆续出台了相应的监管政策来保证金融科技产业的健康发展及社会金融秩序的稳定。

（三）完善我国网络金融监管的政策建议

比较各个国家的数字金融监管模式可以发现，美国模式虽然准入门槛低，为数字金融的发展提供了一个宽松环境，但惩罚措施十分严格，非常重视网络金融交易的安全和消费者权益的保护。英国和其他国家也都表现出了鼓励金融创新的监管模式，促进了金融的数字化转型。

我国对数字金融的监管可借鉴这些国家的监管模式，同时结合我国经济发展的不同需要及时出台、调整网络金融监管方面的新法规，以适应、促进经济金融的不断发展为主要目标。

首先，确立统一监管体制，建立和完善网络金融条件下前瞻性的法律、法规体系，强化对数字金融业务的全面管理。当前，金融产品的延伸、金融服务的信息化和多元化以及各种新金融产品销售渠道的拓展，数字金融涉及的法律问题十分复杂、广泛，使得金融业从强调“专业化”向“综合化”转变，传统的分业监管制度也将受到严峻挑战，行之有效的法律框架才是进行数字金融监管的理论依据。因此，监管体制应从“机构监管型”转向“功能监管型”。我国在数字金融的法制建设上比较落后，这种落后不仅表现在法律体系不完善上，还表现在法律的制定跟不上社会环境的发展和变化上，从而由保护变成阻碍社会发展。因此，必须尽快修改现有法律条款或重新制定适合、促进网络金融发展的法律法规，为促进数字金融在我国的发展提供良好的制度环境。

其次，注重金融机构的自我管理与规范，将监管与自律有机结合起来。数字金融的特性要求打破单纯由监管当局制定规范的固有模式，充分依赖金融企业和科技企业的自我管理与规范，这是数字金融条件下政府和企业必须遵守的一条基本原则。投资者的权利应当得到市场机制的保护，而对其保护应当从个人数据权属关系出发，形成政府、机构和市场三者统一的个人数据保护机制。对此，政府部门需要加大教育和引导力度，使投资者认识到个人的行为数据将决定自身未来的信誉“画像”，将作为本人信用的凭据。监管当局应十分注重督促和协助金融机构加强内部管理，承担起数字金融发展的促进者和协调者的角色，采取有效的内控措施，在一个健全的内部控制系统中，金融机构可以及时发现并且防范各种风险和隐患，其实任何外部监管行为只是起到揭示性作用，真正能够减少甚至避免风险发生则需要依赖于金融机构本身。

最后，加强数字金融条件下金融监管的国际性合作与协调。数字金融是一种无须跨国设立分支机构即可将业务伸向他国的全新的金融组织形式。随着数字金融业务国际化发展步伐的加快，金融监管也必将走向全球一体化，这就要求未来的金融监管由各国通力合作才能完成，所以我国要积极加强数字金融条件下金融监管的国际性合作与协调。目前，越来越多的机构将直接面对海外司法管辖与监管检查，建议在跨境数字金融事务中，探讨建立各国监管机构互惠协作机制与相互委托协查本国金融机构相关事项的实施方案，通过签署谅解备忘录、共享信息、跨境监管、合作治理等方式，携手维护和谐稳定的国际金融市场环境。这对于数字金融正处于快速发展阶段的我国尤为重要，面对数字金融国际化程度的加深，我们只有积极地融合金融监管的国际性合作与协调，才有助于我国数字金融健康稳步地发展。

第五节　杠杆效应：数字经济推动中国经济高质量发展

一、助力经济增长：数字经济成为经济增长的重要动力

当前，数字经济的快速发展成了经济增长的重要动力。数字经济基于大数据、人工智能、物联网等新技术的创新发展，实现了数字技术与传统产业的交叉深度融合，并且快速向各个行业领域拓展，催生了一系列以数字技术为主导的新产业群落。例如，数字技术与制造、交通等传统行业相结合，带动了智能制造、智慧交通等新业态的形成。

同时，数字技术还带来了巨大的市场需求和增长潜力，个性化、社交化制造平台的创新模式，为消费者带来了巨大的消费需求。在新技术革命的驱动下，各个行业逐渐走向服务化、专业化，产业链分工更加精细化，进一步促进了生产格局向网络化、分布式方向发展，提高了企业的生产效率。

此外，生物技术、新材料技术和新能源技术也取得了一系列突破，各种各样的前沿技术多头并进，以多点突破的态势形成新技术群落，促进产业的变革，深刻改变了人们的生产和生活方式。一些新兴科技企业抓住“技术变轨”的机会窗口进入了世界领先行列，成为拉动我国经济增长的重要力量。

从当前技术的影响范围、渗透深度来看，数字技术已经具备了引发产业变革的关键因素，数字经济作为融合性经济，发展数字经济已是大势所趋。总之，在新一轮科技革命和产业革命的变革过程中，数字技术的作用尤为重要，极大地促进了数字经济和实体经济融合发展，不仅推动了传统企业向数字化发展、增加企业效率，还激活了市场、提高了创新能力。

目前，数字技术、产品、服务正在加速向各行各业融合渗透，对产业产出增长和效率提升的拉动作用不断增强，数字产业化和产业数字化规模逐年增长。可见，数字经济将成为新一轮变革的主力军、经济增长的重要动力源泉、中国经济增长的主要引擎。

近年来，各级地方政府陆续出台了数字经济相关政策，推进数字经济持续发展。截至 2021 年，全国有 16 个省市数字经济规模突破 1 万亿元，并且数字经济的增速显著高于 GDP 的增速，为我国国民经济的增长提供了有力的支持。

数字经济的崛起与蓬勃发展推动了传统产业改造提升，为经济的发展提供了新动能，已经成为带动我国经济发展的核心关键力量。未来，数字技术在数字经济繁荣发展的推动下，将会不断地创新与优化，加速向传统产业融合渗透，不仅会带来生产效率和企业效率的提升，而且对我国国民经济增长的拉动作用也是巨大的，将会呈现出快速发展的态势。可以说，中国的数字经济发展已经进入了黄金期。数字经济已经呈现出逐年增长的形式，而且占 GDP 的比重也是逐年增加的。因此，数字经济的大发展已成定局，其对于我国经济增长的拉动作用已不言而喻。

如今，建设制造业强国和网络强国是我国经济快速发展的两个重大领域。制造业和互联网是体现一个国家核心竞争力的关键领域，现在世界经济竞争的焦点都聚焦在高科技上，又恰逢我国数字经济快速发展的契机上，可以说，正是我国从制造业大国、网络大国向制造业强国、网络强国迈进的重大战略机遇。因此，我们应积极利用本国的内在优势提高核心竞争力，大力推动两个强国建设的进程。

对制造业和网络信息化技术领域来说，要从以下三个方面发力。

首先，加快补齐核心技术能力欠缺的短板。我国制造业和网络信息化技术领域在制造规模、水平和应用方面已经走在世界的前列，但在核心技术、关键元器件、基础材料、生产工艺、系统软件等方面与世界水平还存在很大的差距。从美国 2018 年打压中兴通信、2019 年打压华为的事件中就可以看出，我们的核心技术能力存在很大的短板。所以，趁着数字经济大踏步发展、数字技术不断创新的时机，我们要紧紧抓住这个机遇，加快核心技术的研发，举全国之力尽快把这个短板补上。

其次，数据是一个企业的重要资产，要着力推动工业数据标准的制定与应用，促进数据的技术升级和开放共享。良好的规范是今后健康发展的前提，行业组织、企业研究机构在制定工业数据的行业标准时应梳理现有的国家标准，将行业标准上升为国家标准，同时加强标准体系与认证、检验体系的衔接，促进标准应用的实施。数据的高效利用需要公共数据的开放共享，只有整合处理了所有的数据，才能得出准确的决策，实现高效率的发展。因此，我们需要建立健全社会数据采集、存储、交易等制度，保障数据有序、规范的应用。另外，须加大对通信、网络、人工智能、区块链、核心器件等领域的技术研发资助力度，资金的支持是企业快速升级的关键环节，同时加强底层操作系统、人机交互、核心工业软件、工业传感器等核心技术的攻关。

最后，要继续实施大工程、大项目带动，推进大公司发展战略。从以往的经验来看，为带动信息技术广泛的应用，推动我国经济向数字化和智能化的方向发展，我国重点实施重大应用工程和项目，并成功推动数字国家的建设，引领世界潮流。因而，大企业始终是带动经济发展和提高国际竞争力的主力，现在高科技竞争基本上都是国际巨头之间的竞争，因为这些大企业具备强大的研发、创新以及引领市场的实力。因此，我们要充分发挥大国优势，积极推进重大制造项目和工程的开发，从而引领我国经济的发展。

下面讲述一个我国成功抓住历史机遇，实现经济飞速发展的事例。20 世纪 90 年代初，当信息化浪潮席卷全球时，我国就紧紧抓住了重大发展机遇，积极推动信息化技术和信息技术产业发展，特别是当时以“三金工程”（即金桥工程、金卡工程和金关工程）为代表的重大信息化工程的实施，极大地推动了我国信息化的发展，为我国经济、科技、社会、军事等各领域的发展发挥了非常重要的作用，也为我们今天信息化的发展打下了良好的基础。如今，在信息产业快速发展的时期，除中国移动、中国电信、中国联通以外，在互联网领域还逐渐成长了百度、阿里巴巴、腾讯三家互联网巨头，我国也正在推动着这些大企业的发展，它们不仅是我国市场开拓的领军企业，也是国际竞争的强劲对手。这样看来，紧抓历史机遇、发展大公司战略不仅是技术创新、市场开拓、带动中小企业发展的主要力量，也是我国走向国际舞台的重要支撑。

因此，今后我国在落实经济发展理念和高质量发展过程中，需要紧紧把握时代的特征，抓住时代的机遇，就像现在的数字经济带来的重大的时代变革，它对于经济的增长作用巨大，所以我们要跟随它的步伐，结合本国的优势，继续推进市场潜力大、技术性强、能发挥关键作用的大工程、大项目，并且集中财力、物力推动实施，这样才能更快提升我国的经济实力和核心竞争力。

二、提升发展质量：数字经济提高经济发展质量

随着数字经济的快速发展，我国经济发展进入了新时代，其最鲜明、最突出的特征就是由高速增长阶段转向高质量发展阶段。实现经济高质量发展，最关键的因素就是要培育、形成、发展新动能。我们正在经历一场广泛而深刻的数字化变革，数字经济已成为新时代经济发展的新动能和转型发展的主抓手，因而在经济高质量发展中扮演的角色越来越重要。

目前，我国依靠速度、规模、资源的粗放型经济发展模式已经得到了根本性扭转，经济结构调整和转型升级也随之进入一个新的起点，更加注重智能化、信息化、效益化、创新化、绿色节能的新型发展模式已经形成，并正在不断地提高完善，为新发展理念奠定了良好的基础，推动着我国经济走向高质量发展。就目前的形势来看，数字

经济将推动中国全面实现数字化和智能化。随着我国人工智能技术的重大突破和新一代信息技术的快速发展，数字化和智能化已经成了我国许多领域研究的重要发展方向。例如，在中国互联网科技和传统行业的数字化转型领域，数字化和智能化已经创造了无法估量的市场应用。可以说，智能化的机遇和市场空间是我们无法想象的。在数字化和智能化的推动下，今后将出现更巨大的跨界融合，数字化和智能化与传统产业的融合必然会进一步促进实体经济的转型升级，加速推动中国经济实现高质量发展。

以工业互联网为例，作为新一代信息技术与制造业深度融合的产物，工业互联网已经成了工业全要素链接的枢纽、工业资源配置的核心和智能制造的“大脑”，是数字经济时代的新生产力、新基础设施和新产业形态。伴随着工业互联网的广泛部署，传统制造迎来了数字化、智能化驱动的转型升级热潮，智能制造开始风生水起，制造业新生态已经加速重构。目前，实体经济领域除了智能制造，还有智能汽车、智能机器人、虚拟现实等。可见，在智能化的带动下，我国经济将实现高质量的健康发展。

智能化的发展不仅需要大数据、云计算、人工智能等新技术的运用，还需要信息化运作的信息物理系统。这个信息物理系统是通过将数字技术与设计、生产、管理、服务等制造的各个环节融合起来的工具。换句话说，就是把各种信息汇集起来，然后进行加工处理，再进行智能分析，最终实现智能制造。不同的制造企业、不同的制造环境，需要不同级别、专业的智能连接平台。

工业互联网就是目前使用的信息化建设最高级别的智能平台。随着5G信息通信技术的不断发展，将为实现智能化连接创造良好的网络条件。5G技术的应用构建了全新的网络体系结构，其具有高速度、低延时、大覆盖的特征，并且存在大容量、超高清、泛载网等数据流的传送特点，因而5G为我国信息化建设提供了重要的内在动力，为智能化发展带来了重大的创新和突破进步。

对于普通人来说，新一代信息技术的不断进步将为我们的生活带来更大的便利，不管是老人还是孩子，都能够使用微信、QQ软件相互交流，还能使家家户户在网络上购买和支付水费、电费、气费，或者利用网络办理税务、就业、社保等业务。这些网络化、信息化的进步都为中国经济的高质量发展提供有力的支持。

目前，我国企业纷纷启动数字化转型，以数字化实现不同生产、运营方式的创新，这种以创新驱动的生产模式使企业的效益加速增加。数字技术本身就是科技革命产生的创新成果，它在企业中的发展和应用大大降低了交易成本，更好地改善了市场的运作机制，成功实现了供需双方资源的有效对接。伴随数字技术对传统制造行业从研发、生产、服务到营销等全流程中的渗透，加快了重点行业的数字化转型，同时有效推进了机械、轻工、建材、纺织等传统制造行业生产效率的全面提高。可见，新一轮科技革命带来的不仅是激烈的科技竞争，而且是各个行业也都竞相转型，实现自己的效益最大化。企业以创新驱动转变了以往的传统要素的驱动方式，这也为高质量发展创造了新引擎。

近年来，国内逐渐具备了庞大的数字市场体量和网民数量，不断推动着商业模式的创新发展。由于我国在电子商务、移动支付等数字化领域已处于全球领先水平，企业抓住了这一商机，将原有的商业模式改造成新的盈利模式。具体来说，通过大数据技术分析客户的消费习惯，挖掘他们的潜在需求，实现新业态下创新商业模式的运作，主要就是以数据信息为基础研究，分析得出结论，然后优化生产和营销流程，从而提升企业运营的效率、增加企业利润。可见，企业已经可以利用大数据技术从大规模、多样化的数据中挖掘新的商业价值，改变商业模式，传统商业模式的创新改变为我国经济发展质量的提高提供了重要支撑。

数字经济催生新一代信息技术不断进步，促进了中国经济绿色健康地发展信息通信技术，可以说是一切社会活动的承接载体，它的发展对于减少社会经济活动、对物资能源的消耗提供了重要帮助。以淘宝、京东为例，随着互联网的大范围普及，越来越多的人选择在网上购物，这种趋势的产生必然会影响企业消费结构的变化。相比以前，生产商与消费者是两个独立的个体，生产商只是生产产品而不知道市场的具体需求，这可能出现生产过剩、货物囤积的现象，浪费了物资。现在，互联网技术将生产商与消费者连接了起来，消费者表现出购买的需求时，生产商根据需求投入生产，这就形成了供需的动态平衡，大大减少了物资的浪费，企业的经济效益也会相应地提高，最终实现高质量化生产、高质量性盈利。

数字经济催生的数字技术的进步，对于能源节约提供了技术支撑。以电动汽车为例，现在国家正在大力推广新能源汽车，对于购买电动汽车的消费者还给予一定的补贴，因为电动汽车不仅能够节约汽油资源的消耗，还能够减少环境污染，为地球增添一份绿色。

麦肯锡咨询公司认为自动驾驶汽车不仅可以降低交通事故，每年挽救 3 万～ 15 万人的生命，还可以大大减少尾气的排放，提升城市的空气质量。预测 2025—2027 年将是自动驾驶的拐点，基于对自动驾驶底层技术成本曲线的估算，此时将是自动驾驶与人力驾驶的经济平价点。换句话说，自动驾驶每千米的总成本将与司机驾驶传统汽车的成本大致持平，在此拐点之后，市场对自动驾驶的需求将稳步上升。因此，麦肯锡咨询公司也将持续发展这一项目，估计 2025 年可以带来经济规模数万亿美元的市场。

随着要素市场建设和市场体系的不断完善，中国数字经济发展将进一步提速，在促进经济高质量发展、提高现有产业劳动生产率、培育新市场和产业新增长点、实现包容性和可持续增长等方面将会发挥更重要的作用，同时也将在全球范围内创造更多的发展机遇。

三、促进供给改革：数字经济推动供给侧结构性改革

2012 年，我国新供给经济学派形成，率先在国际上提出了经济转型期的供给侧改

革的理论与政策观点，认为构建促进经济发展的新动力机制应为：改革开放、创新创造和生态民生，统称为“新三驾马车”。其中，改革开放就是要提供新制度供给，发挥市场决定性作用；创新创造就是要推进技术进步和产业升级，提升全要素生产率，增加新产品和服务供给；生态民生就是要改善人的生存环境与自身发展需求。

当前，我国正处于供给侧结构性改革的关键期。面对以移动互联网、云计算、大数据、人工智能、物联网为代表的新一代信息技术支撑的数字经济，我们要充分认识其对企业生产运营中供给结构的影响，才能促使我国经济的供给结构健康稳定地形成。由于数字经济以数字技术为驱动力，它的发展必定会推动企业精细化的分工，促进智能化生产工具的生成，这在一定程度上降低了交易费用，提升了生产效率，从而达到了产品供需之间高效率、高质量的匹配。可以说，数字经济的发展对于我国的供给侧结构性改革起着积极的作用，也将为我国经济的长期健康发展奠定坚实的基础。

首先，从需求方面入手，分析数字经济如何促进居民的总需求。随着经济的快速发展，我国已经进入中等收入阶段，居民消费水平也随之逐渐升级，普通的产品已经无法满足人们多样化的需求，个性化、定制化的生产销售更能满足群众的需求，而由数字技术赋能的制造业已经可以满足个性化的定制。互联网的大规模普及扩张了各融合领域的消费市场，使人们有了更多的消费空间。通过大数据分析了解到消费者的偏好，从而提供更优质的产品、更便捷的服务，增强居民的需求力。另外，数字化的发展产生了更丰富的新兴业态，这样的转变不仅增强了用户体验、优化了消费环境，而且更重要的是培育了新型消费模式，这样的新模式对于人们的总需求将会进一步扩大，从而拉动需求方的不断升级。

传统业态逐渐转型升级，满足了人们日益多样化的需求。例如，过去的实体店零售业，现在逐步发展成了电子商务平台，但现在的电子商务已经并不单纯的只是线上营业，而是线上与线下结合发展。阿里巴巴的盒马鲜生和京东的 7FRESH 就是这样一种形式，非常有吸引力，提供中高档甚至是非常高档的商品，如波士顿的龙虾、挪威的三文鱼等，价格也很低，而且购买者可以现场体会不同的做法。

除线上外，线下服务也非常周到。只要你在 3km 半径内的任何时候在手机端下单，就能保证在 30min 之内将购买的商品送到指定地址。这种线上与线下有机结合的形式所产生的效果就是：消费者会因为增加的获得感和幸福感产生更多的有效需求，从而使消费需求得到更进一步的提升。

其次，从供给方面入手，分析数字经济如何促进企业的供给能力。国家积极推行“三去一降一补”（即去产能、去库存、去杠杆、降成本、补短板）五大任务，减少无效和低端供给，扩大有效和中端供给，数字经济的发展伴随着互联网的大范围普及，这样的普及力度会显著提升有效的供给能力。第三方支付就是一个典型的例子，互联网的助力使其一下子调动起了中国巨大的市场潜力，基本上全国大部分的人都在使用第三方支付，它所形成的电子商务的寡头垄断和过去的垄断不一样，它的发展使得一大批中、小、微企业跟随其步伐，形成产业集群，带来的结果就是一直到穷乡僻壤都可以发展出淘宝村。可见，技术创新是全要素生产力提升中的第一生产力，它产生的供给效应是乘数倍放大的。因此，数字技术带动下的经济发展，大力支持了中国经济的超常规发展，显著提高了企业的供给能力。

互联网推动低水平供需平衡向高水平供需平衡的跃升，实现了供需的动态平衡。供给侧结构性改革逐渐成为全社会的一种新共识，其根本目的是使供给能力、供给质量更好地满足广大人民日益增长和不断升级的个性化需要。而作为经济增长新引擎的数字经济，同样在推进供给侧改革，已经完成需求端数字化的互联网行业无疑是一个非常合适的突破口。互联网的快速发展使得供给结构由低端供给向高端供给发展，需求结构由生存型需求向品质型需求转变，通过解放和发展社会生产力，用改革的方法推进结构调整，增强了供给结构对需求变化的适应性和灵活性。

数字经济是推动供给侧结构性改革的重要着力点，无论是工业、农业还是服务业，数字经济都发挥着重要的作用。在工业方面，智能制造模式通过深度融合制造技术和互联网技术推动制造产业新一轮变革，传统规模化、流水线的机器大生产转向网络化、智能化的生产形态，网络化和服务化的产业组织新方式取代了以往垂直化的产业组织形式。数字化、虚拟化等新技术融入产品中，使产品拥有了颠覆性变化。在农业方面，数字农业、智慧农业等创新性的发展模式层出不穷，推动了农业领域从生产到消费全产业价值链的转型升级，为打造现代农业发展模式，提高我国农业国际竞争力提供了重要驱动力。在服务业方面，无论是较为成熟的电子商务，还是正蓬勃发展的在线娱乐、在线教育、共享出行、远程医疗等，都是数字经济在社会生产生活中的价值体现，为社会供给需求的动态平衡贡献力量。

最后，借用新结构经济学的理念，阐释数字化对于供给侧结构性改革的重要作用。从宏观层面来看，经济社会的发展必然伴随着产业结构的变化，而产业结构的变化是为了适应不断革新的要素禀赋。目前，随着数字经济的发展，我国的要素禀赋不断变化，这就要求我国的产业结构、供给结构也要随之变化。要想真正实现供给侧结构性改革，应密切关注产品需求市场和要素供给市场的变化，对每一项要素禀赋进行实时监控，并评估当地的要素禀赋结构，再相应地调整产业结构，实现产业结构和要素禀赋的有机结合。总之，就是结合需求侧的数字化实现匹配，打通产业链，实现最底端的生产要素与最顶端的最终产品需求相连接。

从微观层面来看，通过供给侧数字化，企业、行业和产业都能够得到所需要的配置。例如，工业企业可以迅速找到原材料供给更为低廉的地区，人力资本、知识储备也将得到更好的匹配，劳动力充沛的地区将会匹配更多的劳动力密集行业，高校较多的地区将会匹配更多的科技密集型产业。

总之，从微观和宏观的角度来看，企业通过数字化转型实现了人力资源的高效利用和产业链的全面整合，以及生产运营过程中原材料成本与生产经营再到产品需求的高效率匹配。可见，数字化的快速发展不仅优化了资源的高效配置、调整了经济结构，而且拓展了数字经济发展中供给侧结构性改革的新道路，为国家的供给侧结构性改革注入了新鲜的活力。

第四章　数字经济政策的演变

第一节　国外数字经济政策的演变

历史告诉我们，每一次的技术进步都势不可挡，每一次的发展契机又都转瞬即逝。放眼全球的数字经济浪潮，能不能抓住机遇，加速向以网络信息技术产业为重要内容的经济活动转变，成为各国经济社会发展的关键之举。为此，各个国家都先后开始用战略眼光发展数字经济，纷纷出台各种鼓励数字经济发展的政策和法规，全力抢占这一经济增长的新巅峰。从整体来看，国外主要经济体出台的数字经济政策和法规可以大致归纳为兴起（20 世纪 90 年代—21 世纪初）、发展（2009—2016 年）、裂变（2017 年至今）三个阶段。

一、20 世纪 90 年代—21 世纪初，数字经济政策兴起阶段

进入 20 世纪 90 年代，世界经济面临着严重的挑战：由于 1991 年伊拉克战争爆发，石油价格在 3 个月内从每桶 14 美元暴涨至 40 美元，石油危机让本就处于较高层面的世界经济通货膨胀进一步加剧。与此同时，持续的政策性干扰导致日元对美元的汇率从 1985 年的 1 美元兑 240 日元上升到 1995 年的 1 美元兑 79 日元，曾经号称“卖了东京，买下美国”的日本遭受重创，陷入“失去的十年”。随后的亚洲金融危机更是让它雪上加霜。这一时期的欧洲经济也同样陷入了长期的滞胀“泥潭”，社会形势在统一货币的长期谈判中动荡不安。

面对严峻的经济形势，各国政府急需为本国经济寻找新的增长点，其中美国政府最早给出答案——“信息高速公路”战略。20 世纪 90 年代以来，美国政府高度重视并大力推动信息基础设施建设和数字技术发展。1993 年 9 月，美国政府宣布实施一项高科技计划——“国家信息基础设施（NII）”，计划用 20 年时间，耗资 2000 亿—4000 亿美元，建立一个能覆盖全国的“以光纤通信网络为主，辅以微波和卫星通信的数字化大容量、高速率的”通信网，使所有的美国人方便地共享海量的信息资源。“信息高速公路”战略为美国数字经济的腾飞奠定了基础。1998 年 1 月，美国时任副总统阿尔·戈

尔提出“数字地球”的概念，美国政府正式揭开了数字经济的大幕。在这一阶段，美国商务部作为美国信息高速公路建设的主要负责方和数字经济的主要推动者，发布了多个重磅报告。其在 1998 年 7 月发布的报告《浮现中的数字经济》中，开始把发展数字经济作为驱动新发展的手段；1999 年 6 月发布的报告《浮现中的数字经济（二）》中，则深入探索了互联网和电子商务对经济发展的潜在影响。随着数字经济在美国多方面的渗透，“浮现”的数字经济在美国已经不再准确。之后，美国商务部在 2000 年 6 月发布的第三份数字经济发展报告——《数字经济 2000》的标题中去掉了“浮现”二字，并肯定了发展数字经济对于经济增长的稳定可靠性。而其在 2002 年和 2003 年连续发布的报告《数字经济 2002》和《数字经济 2003》则对早期数字经济理念在世界范围内的普及起到非常大的推动作用。此后，无论是 2009 年颁布的《美国复苏与再投资法案》，还是同年出台的《联邦云计算计划》，都进一步推动了美国信息技术基础设施转向网络 IT 服务的升级发展。

由于数字经济所提出的信息产业和通信产业在互联网中的融合发展是传统产业变革的强大驱动力，符合当时传统经济对新型增长点的迫切需求，因而在这一阶段还有很多其他国家也都积极出台相应的发展数字经济的早期规划和政策。

日本数字信息产业的发展孕育了日本的数字经济。1997 年，日本通产省开始使用“数字经济”一词，大力推动以电子商务为基础的数字经济的发展。2000 年，日本为促进数字信息产业的发展，特别成立“IT 战略总部”。2001 年 1 月，日本颁布了推进宽带基础设施建设的《e-Japan 战略》，为日本数字经济的发展铺好信息高速公路。2003 年 7 月，日本又制定了《e-Japan 战略Ⅱ》，目标是将数字信息技术应用于经济社会的食品、医疗、中小企业金融、行政等产业的发展。2004 年 5 月，日本启动了基于物联网的国家信息化战略《u-Japan 战略》，从网络、终端、平台和应用四个层面构建数字信息技术与日本经济社会的广泛联系。伴随着 2006 年《IT 改革政策》的出台，对于 IT 产业结构的深化改革使得数字经济的发展开始向日本社会的各领域渗透，也推动着日本数字经济政策进入下一个阶段。

欧洲作为第一次工业革命的发源地，早就感受到传统工业所带来的负面效应。为应对信息时代的挑战，推动产业结构调整和优化升级，欧洲各大国也纷纷在 21 世纪初开始部署自己国家数字经济发展的蓝图，逐步推出与数字经济相关的政策。1993 年，欧盟执委会发表的《成长、竞争力与就业白皮书》突出强调了加快信息社会的网络基础建设的重要性。1994 年 6 月，《迈向欧洲的信息社会》这一旨在加速电信服务产业的自由化，以及整合欧盟有关信息社会方面相关政策的欧洲信息社会行动计划被提出。1999 年，欧盟提出的以建立欧洲网络与信息安全机构、协调欧盟成员致力于打击网络犯罪为目的的《e-Europe 计划》则为欧盟各国的数字经济发展保驾护航。2000 年 3 月，欧盟发布了《里斯本战略》，推动欧洲信息社会向前发展；同年，英国政府也出台了多项旨在促进电子商务发展的有关议案，并设立数字经济特使来统筹数字经济战略整体实施；而德国政府也在2000年出台了《“联邦在线2005”计划》，以推动电子政务的建设。2002年，德国政府为实现网络扫盲，强化应用互联网的基础群体，还提出了《“全体上网”的10点赶超计划》。随着2005年6月欧盟《建设欧盟信息社会2006—2010年5年战略计划》的提出，欧洲的数字经济进入新的发展阶段。

需要指出的是，20世纪90年代—21世纪初，各国出台的数字经济政策主要集中在互联网的基础建设、电子商务的发展、信息化的推广和应用，以及国家数字经济发展战略的初步探索等方面。尽管数字经济的浪潮在世界开始掀起，但数字经济政策在很多国家并未上升到国家战略层面。很多国家对数字经济的理解仍然局限在信息经济和互联网经济等数字经济发展的初始阶段。

二、2009—2016年，数字经济政策发展阶段

在这一时期，随着物联网、云计算、大数据、人工智能、虚拟现实等数字经济新兴领域的不断涌现，数字经济的发展为其他产业和整个社会经济的发展不断注入强大的动力。数字经济成为促进经济发展、增强国家竞争力和提高社会福利的重要手段，发展数字经济成为世界各国的共识。

2010年，美国商务部提出“数字国家”的概念，并开始构建发展数字经济的完备政策体系。在接下来的5年内，美国的国家电信和信息管理局连续发布了《数字国家：21世纪美国通用互联网宽带接入进展》《探索数字国家：美国家庭宽带互联网应用》《数字国家：扩大互联网使用》《探索数字国家：计算机和互联网的家庭应用》《探索数字国家：美国新兴在线体验》《探索数字国家：拥抱移动互联网》六份“数字国家”的报告，主要围绕美国数字经济的基础设施、互联网、移动互联网等方面进行统计和分析。为了保证美国在新一轮产业革命中的发端地位，推动美国大数据、人工智能、5G应用等领域的发展，2012年2月，美国国家科学技术委员会公布了《先进制造业发展计划》；同年5月，奥巴马政府宣布实行《数字政府战略》，开启了美国数字政府的建设；2013年3月，还发布了《大数据研究和发展倡议》，加快了美国大数据的发展和应用；2016年10月18日发布的《国家人工智能研发与发展策略规划》规定了一个高水平的人工智能发展框架。美国商务部在2015年和2016年连续发布的《数字经济议程》中，则提出把发展数字经济作为实现美国繁荣和保持竞争力的关键。

此外，美国政府开始关注数字贸易的规则制定以及数字经济的网络安全问题。2014年，美国商务部发布了有关数字贸易政策制定规则的《数字经济与跨境贸易：数字化交付服务的价值》的报告。2016年7月，还成立数字贸易工作组，以快速识别数字贸易壁垒，制定相应的政策规则。对于网络安全问题，美国也从未放松，2016年年

底，美国国家网络安全委员会向白宫递交了《关于保护和发展数字经济的报告》，其中对当时美国的网络安全形势进行了分析和研判。在这一阶段，世界数字经济的领头羊——美国在经济和社会生活的方方面面都开启了自己的数字化。日本通过多年对数字信息产业的政策支持、法律法规规范，为进一步推动数字经济的发展创造了有利环境。2009 年，日本政府提出了面向数字经济新时代的战略政策，先后颁布了《i-Japan 战略 2015》和《ICT 维新愿景》计划，以期实现数字信息产业在经济社会的普惠性。从“e-Japan 战略”到“u-Japan 战略”再到“i-Japan 战略”，这不仅是一个字母的变化，更是日本信息化战略的理念、目标与路径的全方位改变。2011 年，日本政府为了打造更强大的数字信息经济，又推出了《推进 ICT 维新愿景 2.0 版》；而 2013 年 6 月 13 日提出的《日本复兴战略》则充分展现了日本政府力图通过数字经济实现经济复兴的决心。

尽管欧洲各国在 21 世纪初便有意识地为数字经济的发展铺平道路，但直到 2008 年经济危机发生后才纷纷拉开发展数字经济战略的序幕。2008 年 10 月，法国政府颁布了《数字法国 2012 计划》，希望能在 2008—2012 年的 5 年中帮助法国跻身全世界最主要数字国家的行列。此后，在 2011 年年底，法国进一步推出了围绕发展固定和移动宽带、推广数字化应用和服务（特别是电子政务）及扶持电子信息企业的发展三大主题的《数字法国 2020》战略。

另外，在这一阶段的英国政府同样积极应对数字经济浪潮。2009 年 6 月 16 日，伴随着主题为通过改善基础设施、推广全民数字应用、提供更好的数字保护，从而将英国打造成世界“数字之都”的《数字英国》计划的推出，英国拉开了数字经济战略发展的序幕。无论是 2010 年 4 月 8 日颁布的《数字经济法案》，还是 2013 年 6 月发布的《信息经济战略》，抑或是 2015 年 2 月出台的《数字经济战略（2015—2018）》，都反映了英国政府在打造数字经济时代背景下国家竞争新优势、促进产业结构升级上的战略意图和决心。此外，英国政府积极开展数字政府建设，在 2012 年 11 月启动了《政府数字战略》，并在 2013 年 12 月和 2014 年 4 月分别发布了《政府助力数字化路径》和《政府数字包容战略》，作为详细规划英国数字政府建设的指南。

欧洲大陆另一个传统工业强国——德国，也逐渐将发展数字经济作为其政治和经济层面的首要任务。2010 年 7 月，德国政府发布了包含互联网发展、数字化普及等多项德国未来发展的规划——《德国 2020 高技术战略》。同年 11 月，作为指导德国信息通信技术发展的纲领性文件《德国 ICT 战略：数字德国 2015》出台了。2012 年 10 月出台的《2020 创新伙伴计划》更是让德国数字经济的创新活动得到了大量的财政支持。而伴随着德国数字化转型的重要组成部分《“工业 4.0”战略》在 2013 年 4 月的提出，德国“智造”快速发展。倡导数字化创新驱动经济社会发展，为德国建设成为未来数字强国部署战略方向的《数字议程（2014—2017）》于 2014 年 8 月发布。而同年 11 月德国联邦政府发布的《新高科技战略》中重点强调了数字经济包括工业 4.0、智能服务、智能数据项目、云计算、数据联网、数字科学、数据建设、数字化生活环境等八大核心领域的发展。此外，德国还不断强化数据网络的安全措施。2015 年 3 月，为保障德国和欧盟的数据主权，德国经济与能源部启动了《智能服务世界、进入数字化、专业 IT 表格项目》，并推广数据经济领域的创客竞赛。

综上所述，可以发现，在这一阶段很多国家均出台了数字经济国家发展战略，数字经济也在各国政府政策驱动和互联网应用的普及下得到快速发展。这一时期的数字经济政策多以国家数字经济发展整体规划和发展布局为主，并且由于以智能制造为核心的“工业 4.0”和以“互联网 +”为主要途径的产业互联网为传统产业的研发设计、生产制造、流通消费等环节的提质增效带来了巨天的空间和机遇，各国政府的数字经济政策也在这一阶段更多地将数字化发展引入传统产业的转型升级中。

三、2017 年至今，数字经济政策裂变阶段

2016 年的二十国集团（G20）峰会首次将“数字经济”列为 G20 创新增长蓝图中的一项重要议题。而全球首个由多国领导人共同签署的数字经济政策文件《G20 数字经济发展与合作倡议》的发布，标志着各国的数字经济政策进入了裂变式的全新阶段。越来越多的国家把数字经济政策作为经济发展的战略蓝图和纲领性文件出台，各国的数字经济政策也涉及与数字经济发展相关的方方面面。此外，各国的数字经济政策在推动本国工业、农业、服务业与数字经济深度融合的同时，也开始为国家间数字经济合作发展助力。美国凭借较好的信息技术基础设施、科研储备和较低的使用成本，使其数字经济的发展一直走在世界前列。在 2016 年至今的数字经济政策裂变阶段，美国的数字经济政策不仅推动数字经济成为美国经济发展的主要引擎，还努力将自身打造成为全球数字经济发展的龙头，形成了以创新带动发展的新路径。2016 年 6 月，美国商务部发布了《在数字经济中实现增长与创新》，鼓励美国的各行各业积极融入数字经济时代的发展。2017 年 6 月，美国政府公布了《电子复兴计划》，计划在未来的 5 年内投入超过 20 亿美元用于美国信息技术领域的创新发展，希望开启和引领下一次的电子革命。2018 年 3 月，美国商务部经济分析局发布了工作文件《数字经济的定义和衡量》，对新时代人们认识和度量数字经济起到重要的促进作用。同年，美国政府先后出台了管理生物医学大量数据的《数据科学战略计划》、勾勒美国网络安全战略路线的《美国国家网络战略》，以及确保美国占据先进制造业领导地位的《先进制造业美国领导力战略》等数字经济政策，积极推动数字经济的创新发展。2019 年，美国政府还接连发布了《国家人工智能研究和发展战略计划：2019 更新版》《维护美国人工智能领导力的行政命

令》《5G 加速发展计划》等战略计划，充分发挥政府的引导、支持作用，确保美国数字经济产业的发展拥有核心优势。可以说，美国不断发布和更新的数字经济政策，正在为其培育充满活力和弹性的数字经济提供政府支持。在新一代信息技术成为美国经济发展根基的同时，美国政府还不忘规范数字经济的网络安全，重视发展数字经济可能产生的国家经济安全问题。

近些年，日本政府对数字经济发展十分重视，不断推动大数据、云计算、人工智能等高新技术在其他产业的生产、运营、管理等领域的全面优化，提升日本整体经济社会的效率。2016 年 1 月 22 日，随着《第五个科学技术基本计划》在日本内阁会议上通过，建设全球领先的“超智能社会”的想法成为日本数字经济发展的目标，日本政府希望通过最大限度利用信息通信技术，将网络空间与现实空间融合，使每个人最大限度地享受高质量的服务和便捷的生活。2018 年 6 月，日本政府出台了有关网络安全与数据保护的《集成创新战略》；同年 7 月，日本政府先后发布了《日本制造业白皮书》《第 2 期战略性创新推进计划（SIP）》《综合创新战略》等计划和战略，详细阐述了日本接下来推动数字经济发展的行动方案。2019 年，日本政府更是决定在当年度补充预算案中列入约 1 万亿日元，投入“数字新政”的预算中，以期在信息化、智能化和数字化基础研究等数字经济的相关领域处于世界前列。

与此同时，2016 年后的英国、德国和法国等欧洲国家政府以及欧盟也不断出台保障和促进数字经济发展的政策，积极面对数字经济的挑战，努力抓住数字经济发展的机遇。2016 年 4 月，欧盟通过了《通用数据保护条例》，旨在保护各国数据网络的安全，为欧洲各国数字经济的发展提供一定的保护。此后，2018 年，欧盟又接连发布了《欧盟人工智能战略》《非个人数据在欧盟境内自由流动框架条例》《促进人工智能在欧洲发展和应用的协调行动计划》《可信赖的人工智能道德准则草案》等一系列政策，旨在推动欧洲的人工智能、大数据、网络安全和数据保护等数字经济领域的发展。

2017 年 3 月，英国的文化、媒体和体育部发布了《英国数字战略》，为英国推进数字化转型和跻身于数字经济强国行列做出全面而周密的部署。同年 4 月，《数字经济法案》正式成为生效法律，该法案填补了英国数字经济相关领域的法律空白，明确了发展数字经济过程中监管机构的职能等问题，构建起了英国数字经济发展的法律框架，有效地减少了英国数字经济发展的不确定性。而 2017 年年底发布的《产业战略：建设适应未来的英国》的白皮书，则强调了人工智能对于英国产业发展的重要性。此后，无论是 2018 年 1 月发布的有关网络空间规范和准则的《数字宪章》，还是 2018 年 6 月推出的促进大数据应用发展计划——《国家计量战略实施计划》，都显示出英国政府推动数字战略再升级的意图，体现了英国政府对数字革命的巨大期待和决心。与此同时，德国和法国也不甘错过数字经济发展的机遇。由于数字化建设可以为德国持续的经济增长带来新的动力，2016 年以后，德国政府及相关部门出台了很多相关的支持政策。例如，2016 年 3 月，德国政府发布了《数字战略 2025》，这是继《数字议程》之后，德国政府首次就数字化发展做出系统的安排，同时也是德国政府开启数字经济发展下一阶段政策的发端。2016 年和 2017 年连续发布的《德国数字化平台绿皮书》和《德国数字化平台白皮书》两份报告，阐释了数字经济对于德国以及欧洲经济的强大推动力，同时提出了要进一步推动数字化生产和平台经济成为传统经济创新升级的驱动力。2018 年，德国政府又接连发布了《人工智能德国制造》《高技术战略 2025》《“建设数字化”战略》《联邦政府人工智能战略要点》，明确提出推动人工智能技术的推广和应用。接着，德国政府于 2019 年 11 月 29 日发布了《国家工业战略 2030》，大力推动人工智能、数字化等数字经济创新技术领域的成长，使其成为德国工业未来的发展方向。而 2018 年法国政府也陆续发布了《法国人工智能发展战略》《5G 发展路线图》《利用数字技术促进工业转型的方案》等一系列与数字经济相关的前沿技术政策，以期法国在人工智能、信息新基建、大数据等数字经济领域的创新发展。随着 2019 年首届法国人工智能峰会在巴黎的顺利召开，以及法国政府推出的《数字法国 2019 战略》，法国政府希望用政策规划好法国数字经济的发展方向，从而推动数字经济成为法国经济的又一增长点。

在 2016 年至今出台的国外数字经济政策，无论是发达国家还是发展中国家，都希望能争取到更多的数字红利。各国的数字经济政策也呈现出百花齐放的姿态，除了重视数字经济发展的顶层设计和整体规划，各国还开始趋向于因地制宜，结合自身数字经济的发展水平，推出合适的数字经济政策。例如，美国作为率先提出并支持数字经济发展的数字强国，始终保持强烈的争先意识和忧患意识，在多项政策举措上精准发力，力争在全球范围内维护其领跑地位；日本则奉行实用主义，重视数字经济服务于社会的应用；欧盟坚持规则先行，重视数据治理和人工智能伦理；发展中国家利用后发优势和互联网人口红利资源，推出相应的数字经济政策。

四、国外数字经济政策演变趋势分析

处于数字化进程的不同阶段的各个国家，对于数字经济的战略部署侧重点各有不同，数字经济政策也有较大区别。我们可以根据各个国家的数字化程度大体将其分为三类，即数字化的新兴国家、数字化转型中的国家和数字化进程领先的国家。其中，数字化的新兴国家的数字经济发展政策重点在于加强数字基建、培育互联网基础以及解决公民网络应用的鸿沟等数字化转型准备方面。相比之下，数字化转型中的国家则更加注重引导数字产业之间的竞争，从而激发产业数字化转型的新动能。此外，它们还希望通过数字政策来保证企业便捷地应用或推出数字技术，并培养社会数字素养以及促进公民的数字参与能力。而作为数字化进程领先的国家，如美国、日本等，则是积极促进平台层面的行业竞争与增量数字技术的竞争，同时以期用一系列的数字经济政策来推进社会的全面数字化，以应对随时而来的新变革，并推进参与式决策，加强国际数字合作。此外，通过对世界主要经济体数字经济政策的梳理可以发现，各国的数字经济政策主要围绕数字基建、数字战略与规划、数字安全以及区域数字经济合作四个方面推进和展开。

（一）数字基建政策

每一次产业革命的兴起都伴随着配套基础设施的发展，数字经济的发展离不开数字基建的支持。作为数字经济的基石，世界上主要经济体的数字经济发展政策大多开始于数字基建政策。数字基建政策既包括通信网络、新技术和云计算等信息基础设施的普及政策，又包括对传统基础设施数字化、智能化的转型和改造的应用政策。各国政府希望通过政策力量推动数字基础设施的广泛普及和应用，为本国数字经济的发展打下坚实的基础。

（二）数字战略与规划政策

美、欧、日等国家和地区高度重视数字经济的顶层设计和整体规划，并随着本国数字经济发展的形势、需要和阶段，不断调整各自的相关政策方向。无论是美国商务部 2015 年提出的《数字经济议程》，还是英国政府 2017 年推出的《英国数字战略》，抑或是日本政府出台的《第五个科学技术基本计划》，等等，各国政府都积极发布数字经济的战略规划，以期推动本国数字经济不断朝新的阶段发展，并通过数字经济相关领域的一个又一个具体的规划，找到适合自己并具有本国特色的数字经济发展路径。

（三）数字安全政策

在各国政府推进数字经济发展的过程中，数字经济发展的安全问题逐渐被重视起来，数字安全政策在各国出台的数字经济政策中所占的比重也越来越大。例如，美国的《美国国家网络战略》等数字的网络安全政策，欧盟的《通用数据保护条例》等数据的保护政策，美国数字贸易工作组制定的数字贸易规则等。不断完善数字经济的安全政策，出台保障数字经济健康发展的政策，成为各国数字经济发展的重要保障。

（四）区域数字经济合作政策

推动区域数字经济合作发展，是世界主要经济体制定数字经济政策的一个重要目的。一方面，越来越多的国家开始利用现有的国际舞台，通过制定数字经济的新型规则和重构数字产业生态来实现自身的利益诉求；另一方面，各国积极推进在数字经济领域的务实合作和规则重构，以期增强自己国家在数字经济领域的国际影响力和话语权。

第二节　国内数字经济政策的演变

在信息时代的发展进程中，数字经济已成为信息产业中最具活力的新业态。中国在数字经济领域的发展也正从跟跑者、并跑者逐渐变为领跑者。随着以互联网、大数据、人工智能等为代表的数字经济不断融入我国经济社会的方方面面，数字经济已然成为我国经济发展质量变革、效率变革、动力变革的重要驱动力。回顾我国数字经济的发展进程，与世界其他国家相比，中国的数字经济特色鲜明。中国的数字经济拥有更加广泛的覆盖范围和基础应用市场，呈现出大、中、小企业踊跃参与的蓬勃发展景象。这些数字经济发展的利好条件离不开中国政府的支持和数字经济政策的推动。随着从1994年开始的早期推动信息化建设和发展电子商务的数字经济发展政策，到如今推动数字经济发展的政策协同框架的建设等，一系列围绕数字经济的政策应运而生，我国的数字经济政策体系逐步形成，与此同时，各省也纷纷响应，发布更加贴合省情的数字经济发展政策。多领域、多层次的数字经济政策不断为我国数字经济的深入发展保驾护航。

一、我国数字经济政策体系初步形成

（一）我国数字经济政策的第一阶段（1994—2012年）

1994年，随着国际互联网正式接入中国，我国开始了发展数字经济的探索。总览我国数字经济政策的发展，大致可以将其分为三个阶段。第一阶段以《2001年国务院政府工作报告》首次提出信息化为标志，在此之后连续7年，“积极推进国民经济和社会信息化”成为政府工作报告中时常出现的词。无论是“十五”规划中强调加速发展信息产业，还是“十一五”规划中对信息技术普及和应用的重视，都体现了我国积极推动信息化在各个领域的发展应用。随着2007年党的十七大报告提出的信息化与工业化融合发展的新命题，此后出台的“十二五”规划中更加强调了推进信息基础建设，强化信息化和工业化深度融合，推动经济社会各领域信息化的方针政策。2012年，在党的十八大报告中更是有多达19处表述提及信息、信息化、信息网络、信息技术与信息安全，而且报告还明确把“信息化水平大幅提升”纳入全面建成小康社会的目标之一。这些报告和规划无一不体现我们党和政府对于数字经济发展的规划和部署。下面对我国第一阶段数字经济的主要政策进行梳理：2006年，发布《2006—2020年国家信息化发展战略》，明确规范和推动信息化的发展；2007年，发布《电子商务发展“十一五”规划》，将电子商务服务业确定为国家重要的新兴产业；2012年，被列入《“十二五”

国家战略性新兴产业发展规划》的重点工程。总而言之，信息化建设的广泛应用是我国数字经济发展初始阶段的主要风向标，而我国数字经济政策发布的第一阶段也是较多关注推动信息化建设、发展电子商务以及发展和完善信息基础设施建设等方面。

（二）我国数字经济政策的第二阶段（2013—2016 年）

我国在经历了互联网用户数量在 21 世纪初近 10 年的持续高增长之后，数字经济也得到了较快发展。2012 年年底，我国手机网民的规模达到了 4.2 亿，互联网行业迎来了移动端时代，智能手机全面连接起人们的线上和线下生活。因此，中国的数字经济发展也迈入了全新的“互联网 +”阶段。与此同时，我国数字经济政策的第二阶段也伴随着党的十八大报告的发布拉开了序幕。

梳理我国第二阶段的主要数字经济政策，可以发现：一是关于信息基础设施的完善政策。2013—2016 年，国务院接连出台了《关于推进物联网有序健康发展的指导意见》《“宽带中国”战略》《关于加快高速宽带网络建设推进网络提速降费的指导意见》等与数字基建相关的政策。与此同时，国家发展和改革委员会发布了相应的诸如《关于组织实施第四代移动通信（TD-LTE）产业化专项的通知》《关于组织实施“宽带乡村”试点工程（一期）的通知》《关于组织实施 2017 年新一代信息基础设施建设工程和“互联网 +”重大工程的通知》等一系列推动我国互联网基础设施建设的政策文件。

二是以 2015 年国务院出台的《关于积极推进“互联网 +”行动的指导意见》和《促进大数据发展行动纲要》为标志，积极推动“互联网 +”、大数据、云计算等数字技术在社会各个领域的广泛应用。例如，2015 年国家发展和改革委员会发布的《关于加强和完善国家电子政务工程建设管理的意见》，鼓励在电子政务项目中采用物联网、云计算、大数据等新技术。

三是我国数字经济政策的第二阶段还对我国数字经济的发展进行了更细致的规划，尤其是制造业的数字化和信息消费领域的规范化。例如，2013 年 8 月，国务院出台了《关于促进信息消费扩大内需的若干意见》，加快推动信息消费持续增长。2015 年 5 月，国务院发布了以加快新一代信息技术与制造业深度融合为主线，以推进智能制造为主攻方向，以满足经济社会发展和国防建设对重大技术装备的需求为目标，推动数字经济和实体经济融合发展，建设中国制造强国“三步走”战略的第一个十年行动纲领——《中国制造 2025》战略。2016 年 12 月，工业和信息化部发布了《智能制造发展规划（2016—2020 年）》，即《智能制造“十三五”发展规划》，将提升我国信息化、数字化水平作为重要目标，以期实现传统制造业重点领域的数字化制造。

四是 2016 年在杭州成功召开的 G20 杭州峰会上，我国作为二十国集团（G20）的主席国，首次将“数字经济”列为 G20 创新增长蓝图中的一项重要议题。同年，国务院还出台了《国家信息化发展战略纲要》《“十三五”国家信息化规划》《中华人民共和国国民经济和社会发展第十三个五年规划纲要》等数字经济未来发展战略和规划，这些既是我国对于进一步推进数字经济发展做出的详细的顶层设计，也体现了国家对发展数字经济的高度重视。正如2015年12月习近平总书记在“第二届世界互联网大会”开幕式上的讲话中所指出的，“中国正在加强信息基础设施建设，发展网络经济，促进互联网和经济社会融合创新发展，中国愿同各国加强合作，推动全球数字经济发展”。

（三）我国数字经济政策的第三阶段（2017年至今）

随着我国经济由高速增长阶段转向高质量发展阶段，数字经济逐渐成为我国经济转型升级的重要引擎和强劲动力。2017年3月，李克强总理在做政府工作报告时，首次将“数字经济”写入政府工作报告中，提出要促进数字经济加快成长，让企业广泛受益，让群众普遍受惠。同年，党的十九大更是明确提出推动互联网、大数据、人工智能和实体经济深度融合，形成新业态、培育新增长点、发展新动能，并首次将数字经济、数字中国等数字经济内容纳入重点讨论范围。可以说，第三阶段的数字经济政策以党的十九大报告为标志，经历数年的摸索发展，初步形成了中国数字经济的政策体系。与此同时，社会各领域对数字经济的重视程度越来越高，发展数字经济的战略思路也越发清晰。

首先，伴随着以互联网、大数据、人工智能为代表的新一代信息技术日新月异的发展，我国第三阶段的数字基建政策也更进一步了。一方面，继续加大对人工智能、云计算、5G网络、物联网等数字经济技术领域的研发投入；另一方面，努力降低大数据收集和处理、互联网和移动互联网信息通信等发展数字经济的成本，构建更加方便、快捷的信息高速公路。例如，国务院于2017年7月20日为抢抓人工智能发展的重大战略机遇发布的《新一代人工智能发展规划》，以期构筑我国人工智能发展的先发优势，加快建设创新型国家和世界科技强国；国家发展和改革委员会于2017年1月12日出台了《信息基础设施重大工程建设三年行动方案》，深入实施“宽带中国”战略，加快推进我国信息基础设施建设；此外，工业和信息化部更是分别在2017年4月和12月发布了《云计算发展三年行动计划（2017—2019年）》和《促进新一代人工智能产业发展三年行动计划（2018—2020年）》，并在2018年推出了《新一代人工智能产业创新重点任务揭榜工作方案》，在2019年发布了《关于印发“5G+工业互联网”512工程推进方案的通知》，等等。

其次，我国数字经济政策的第三阶段另一侧重点便是数字经济的两大方面，即数字产业化和产业数字化。国务院在2017年率先出台了《关于深化“互联网+先进制造业”发展工业互联网的指导意见》；而国家发展和改革委员会在2019年和2020年分别出台了《关于推动先进制造业和现代服务业深度融合发展的实施意见》和《数字化转型伙伴行动倡议》，以期推动产业数字化的深入发展。相比之下，工业和信息化部则是出台了《高端智能再制造行动计划（2018—2020 年）》《工业互联网发展行动计划（2018—2020 年）》《推动企业上云实施指南（2018—2020 年）》《工业互联网综合标准化体系建设指南》《关于推动工业互联网加快发展的通知》《中小企业数字化赋能专项行动方案》《关于工业大数据发展的指导意见》等多个文件。

除此之外，包括数字发展的网络安全、信息安全、数据安全等数字安全的问题，随着数字经济的发展规模的扩大被越来越重视。2017 年 1 月，国务院出台了《关于促进移动互联网健康有序发展的意见》，加强对日益壮大的移动互联网进行有序的引导和规范的管理。此后，无论是 2019 年工业和信息化部出台的《电信和互联网行业提升网络数据安全保护能力专项行动方案》，还是 2019 年国家互联网信息办公室发布的《云计算服务安全评估办法》，抑或是 2020 年工业和信息化部发出的《关于深化信息通信领域“放管服”改革的通告》等与数字安全相关的政策，都是对数字经济发展进程中不断出现的数字安全问题进行完善和解决。

最后，社会多领域的数字化推进和区域数字化合作，是我国第三阶段数字经济政策又一个明显的特征。2018 年，国务院发布了《关于促进“互联网 + 医疗健康”发展的意见》，同年国家发展和改革委员会也出台了《关于促进“互联网 + 社会服务”发展的意见》，此后一系列的“互联网 +”发展规划陆续发布，“互联网 +”和大数据应用等数字技术逐渐在我国社会的方方面面发挥着更加重要的作用。此外，国务院及各部门陆续发布的《数字乡村发展战略纲要》《国家数字经济创新发展试验区实施方案》《关于推动数字文化产业创新发展的指导意见》《教育信息化 2.0 行动计划》《数字农业农村发展规划（2019—2025 年）》等政策，都体现出第三阶段的数字经济政策试图将数字经济的辐射范围扩大。正如 2019 年 5 月习近平主席向 2019 年数博会发来的贺信中强调的那样：“中国高度重视大数据产业发展，愿同各国共享数字经济发展机遇，通过探索新技术、新业态、新模式，共同探寻新的增长动能和发展路径。”

总的来说，近年来，我国的数字经济政策方向由信息化和工业化融合、“互联网 +”战略逐步提升和深化至数字经济、产业互联网等领域，尤其是近几年密集出台的互联网、大数据、人工智能和数字城市政策，正在新基建、数据要素、产业互联网、智慧城市等多方面形成推动数字经济发展的政策协同框架。

二、我国各省数字经济政策的发展

数字经济作为经济社会发展的巨大推动力已经成为广泛的共识，5G、人工智能、平台经济等数字经济内容逐步应用于社会经济的各个领域。近年来，各级地方政府陆续出台与数字经济相关的政策，积极推进区域数字经济的发展，加强数字经济的战略引导，不断推进数字经济发展和数字化转型政策的深化和落地，使数字经济在国民经济中的地位进一步凸显。

在不同地区，由于社会经济的发展水平存在差异，以及地区之间发展数字经济的基础条件也各不相同，因而各区域的数字经济发展并不均衡，各地的数字经济政策也有不同的侧重点。在基础设施建设方面，科学技术、教育资源相对集中在东部地区。因此，东部地区发展数字经济的政策推进较中西部地区而言进入了下一阶段。相比之下，中西部地区在数字基建方面的政策较为集中，且数字经济的发展政策更加突显区域特征。

东部地区的浙江省于 2018 年 9 月出台了《浙江省数字经济五年倍增计划》，深入推进云上浙江、数字强省的建设，并且以产业数字化为发展重点，培育人工智能等产业新优势，率先开展 5G 商用，推广应用城市大脑，争创国家数字经济示范省。广东省则于 2020 年 3 月发布了《广东省培育数字经济产业集群行动计划（2019—2025 年）》，在数字经济的发展规划上，以数字产业化和产业数字化为主线，聚焦数字政府建设、数字技术创新、数字基础设施建设、数字产业化发展、产业数字化转型以及新业态新产品培育六大重点任务；深入实施社会治理数字化应用示范、重大创新平台建设、新型基础设施建设、数字经济产业创新集聚、工业互联网创新应用、数字农业发展示范、数字湾区建设七大重点工程。山东省近年来则是围绕数字产业化、数字农业、智能制造、智慧服务、培育新业态五大任务，从加大要素供给、强化人才支撑、激发创新活力、培育市场主体、加强资金扶持五个方面，陆续提出了多达 19 条具体政策措施。从这 3 个省份的数字经济政策的侧重点不难发现，东部各省的数字经济政策走在了全国的前列。它们利用自身发展数字经济的优势，不断探索数字经济发展的优化模式，努力使数字经济成为区域经济发展的新动能。

尽管中西部地区的各省份数字基础设施条件不如经济发达的东部地区，但它们充分利用自己的后发优势，通过数字经济政策改善提升数字基建的同时，抓住数字经济发展机遇，以期实现自身经济的跨越式发展，缩小与发达地区的社会经济差距。例如，湖南省于 2020 年 1 月提出了《湖南省数字经济发展规划（2020—2025 年）》，将实施包括大数据、人工智能、5G 等 10 个数字经济领域的重点工程，以期全面提升区域的数字经济基础设施能力，初步完善数字治理体系，使湖南成为全国数字经济创新引领区、产业聚集区和应用先导区。江西省则提出把数字经济作为“一号工程”来抓；2019—2020 年，江西省接连出台了《江西省实施数字经济发展战略的意见》和《江西省数字经济发展三年行动计划（2020—2022 年）》等政策，加快构建全省数字经济生态体系，促进经济、政府、社会各领域数字化转型。贵州省更是率先发布了全国首个省级数字经济发展规划，首提“资源型、技术型、融合型和服务型”四型数字经济。广西壮族自治区于 2018 年 9 月发布的《广西数字经济发展规划（2018—2025 年）》则充分考虑广西所处的地理位置，以做强中国—东盟信息港为战略支点，加快发展新一代信息技术产业，大力推动互联网、大数据、人工智能和传统产业深度融合，夯实完善数字经济发展基础和治理体系，打造面向东盟的数字经济合作发展高地，构建形成具有广西特色的数字经济生态体系。从中西部各省陆续出台的数字经济政策可见，中西部各省正积极融入数字经济发展的浪潮之中，试图通过数字经济政策引导区域数字经济的特色发展模式。

第三节　我国数字经济政策的不断完善

随着5G、人工智能、工业互联网、大数据、区块链等词汇高频出现在各级政府的政策文件和会议报告中，我国数字经济政策逐渐走向成熟，大力发展数字经济成为各区域发展新兴产业的重要着力点。我国应积极面对数字浪潮的挑战，各区域要结合自身的数字化发展阶段，抓住数字化转型中的痛点，借鉴各国各区域成功的经验，寻求适合自身发展的对策。可以说，我国的数字经济政策将朝着健全政策体系、加快新型基础设施建设、广泛应用数字化以及推进区域数字合作四个主要方面不断发展完善，力争在新的世界经济格局中抢占数字高地，推进我国数字生态系统建设，助力中国经济社会的高质量发展。

（1）建立健全发展数字经济的政策体系，研究构建数字经济协同治理政策体系。首先，我国的数字经济政策的完善离不开数字政府建设的推进，通过深化政务信息系统的集约建设和整合共享，推进全国一体化政务服务平台和国家数据共享交换平台建设，以政务信息系统整合共享推进政府治理改革，以“互联网+”政务服务提升政府服务水平，以新型智慧城市建设提升精准治理能力。此外，在数字经济发展过程中的网络规范和数据安全等问题应该得到持续管理和解决，为我国数字经济持续健康的发展保驾护航。

（2）推进新型基础设施建设，为数字经济的新阶段铺好道路。2020年4月20日，国家发展和改革委员会首次明确新基建主要包括三个方面的内容：一是以5G、数据中心、人工智能、云计算为代表的信息基础设施；二是以智能交通、智慧能源为代表的融合基础设施；三是重大科技和产业技术等创新基础设施。新型基础设施的建设是我国数字经济发展的关键环节，通过制定加快新型基础设施建设和发展的政策，推进一系列有利于数字经济发展的“新基建”工程，如全国一体化大数据中心建设、区域级数据中心集群和智能计算中心等，为我国数字经济竞争力的提升打下坚实的基础。

（3）将数字化转型广泛应用于社会经济的方方面面。一是进一步推动数字产业化和产业数字化的发展。一方面，持续壮大数字产业，以突出数字核心技术为出发点，推进应用自主创新产品，鼓励平台经济、共享经济、“互联网+”等新模式、新业态发展；另一方面，推动实体经济数字化融合，加快传统产业数字化转型，布局一批国家数字化转型促进中心，鼓励发展数字化共性支撑和行业“数据大脑”，推进前沿信息技术集成创新和融合应用。二是促进数据要素流通。正如国务院于 2020 年 4 月 9 日出台的《关于构建更加完善的要素市场化配置体制机制的意见》所强调的那样，要积极实施数据要素市场的培育行动，探索数据流通规则，深入推进政务数据共享开放，开展公共数据资源开发利用试点，建立政府和社会互动的大数据采集形成和共享融通机制。三是统筹推进试点示范，推进国家数字经济创新发展试验区建设。组织开展国家大数据综合试验区建设成效评估，加强经验复制推广。

（4）持续推进数字经济的区域合作，深化国际合作。例如，2019 年，京津冀地区为加快数字经济的成长，联合出台了《京津冀协同发展一体化规划》；长三角地区、珠三角和东北老工业区等区域对大数据综合试验区建设进行探索和尝试，以期推动区域间各企业的数字经济深度合作。这些对于推动区域间数字经济合作的政策将陆续落地，有利于实现我国各区域间数字经济的共享发展。与此同时，对于深化数据“丝绸之路”“丝绸电商”建设合作以及在智慧城市、电子商务、数据跨境等方面推动我国与世界各国间开展一系列的对话和务实合作，都将有利于我国把握数字化带来的历史性机遇。

第五章　数字经济的战略抉择

第一节　基础建设：加快企业和市场的数字化创新步伐

中国推动数字经济发展，首先要解决的问题是如何从国家和政府层面采取积极的战略行动保障数字经济加快发展。

一、加快企业和市场的数字化基础建设

因为信息化是数字经济发展的基础，大数据是数字经济发展的新平台、新手段和新途径，所以深入推进国家信息化战略和加快推进国家大数据战略是加快数字经济时代企业和市场数字化基础建设的前提，是从国家和政府层面解决数字经济发展“最先一公里”的问题。

（一）深入推进国家信息化战略

当今世界，信息技术创新日新月异，以数字化、网络化、智能化为特征的信息化浪潮蓬勃兴起。全球信息化进入全面渗透、跨界融合、加速创新、引领发展的新阶段。谁在信息化上占据制高点，谁就能够掌握先机、赢得优势、赢得安全、赢得未来。

1．信息化与数字经济的关系

早在20世纪90年代，数字经济的提法就已经出现。被称为“数字经济之父”的美国经济学家唐·塔普斯科特在20世纪90年代中期出版了一本名为《数字经济》的著作，数字经济的概念进入理论界和学术界的研究视野。继而，曼纽尔·卡斯特的《信息时代：经济、社会与文化》、尼葛洛庞帝的《数字化生存》等著作相继出版，数字经济的提法在全世界流行开来。此后，西方许多国家开始关注和推进数字经济发展，特别是美国以发展数字经济为口号大力推动信息产业发展，并缔造了20世纪末美国的新经济神话。美国的信息产业1990—2000年平均增长率达到6.47%，是其GDP（国内生产总值）增速的2倍；大量资金投入互联网企业，纳斯达克指数最高飙升到5000多点。但是，到了2001年美国的新经济神话破灭，互联网企业纷纷倒闭关门。美国新经济神话的破灭使数字经济发展经历了短暂的低潮，也引起了学界许多学者对数字经济发展的质疑。

2004年以后，云计算、物联网等信息技术的出现，又将数字经济推向了新一轮高峰。2008年国际金融危机波及全球经济，并重创传统金融行业。国外的苹果、脸谱、谷歌、微软、亚马逊等数字公司基本上毫发无损。国内的阿里巴巴、百度、腾讯等数字企业受影响也不大，为我国经济稳定增长做出了贡献。同时，大数据、人工智能、虚拟现实、区块链等技术的兴起为人们带来了希望，世界各国不约而同地将这些新的信息技术作为未来发展的战略重点。今天，数字经济引领创新发展，为经济增长注入新动力，这已经成为共识。

通过数字经济的发展历程来看，数字经济可以泛指以网络信息技术为重要内容的经济活动。因此，从某种意义讲，数字经济也可以通俗理解为网络经济或信息经济。

现代信息技术日益广泛的应用，推动数字经济浪潮汹涌而至，成为带动传统经济转型升级的重要途径和驱动力量。根据数字经济的内涵和定义分析，信息化为数字经济的发展提供必需的生产要素、平台载体和技术手段等重要条件。换言之，信息化是数字经济发展中的基础。信息化解决信息的到达（网络）和计算能力的廉价（云计算）及到达和计算能力的可靠性、安全性保障。具体表现为信息化对企业具有极大的战略意义和价值，能使企业在竞争中胜出，同时企业信息化的积极性最高，因此在信息化中企业占据主导地位。如近几年出现的云计算、人工智能、虚拟现实等信息化建设，均以企业为主体。主要是由于在信息社会，信息本身就是重要商品，人们大量地消费信息。数字经济的特点之一就是信息成为普遍的商品，主要任务是跨过从信息资源到信息应用的鸿沟。信息化是个人成长和需求发布与沟通的重要通道，是社会公平和教育普惠的基础，信息化使个人拥有极大空间。这是因为按需生产是数字经济的一个重要特征，而要做到按照需求合理地供给，必须靠信息。信息化是提升政府工作效率的有效手段，是连接社会的纽带。政府是信息化的使用者，同时由于信息化的复杂性，政府需要对信息化加强引导和监管。

2．加快推进国家信息化战略

2017年，十二届全国人大五次会议首次将“数字经济”写入政府工作报告，并强调促进数字经济加快成长，让企业广泛受益、群众普遍受惠。衡量数字经济发展水平的主要标志是人均信息消费水平。我国尚处于信息社会的初级阶段，年人均信息消费（包括信息技术消费和通信技术消费）只有300美元左右，不到美国的1/10。2016年出台的《国家信息化发展战略纲要》要求2020年信息消费总额达到6万亿元，人均信息消费约700美元。这仅相当于巴西2014年的信息消费水平，发展数字经济惠及大众还有很长的路要走。因此，在未来一段时期内，我国要加快数字经济发展，培育经济新增长点，必须加快推进国家信息化战略。按照《国家信息化发展战略纲要》要求，围绕“五位一体”总体布局和“四个全面”战略布局，牢固树立创新、协调、绿色、开放、共享的发展理念，贯彻以人民为中心的发展思想，以信息化驱动现代化为主线，以建设网络强国为目标，着力增强国家信息化发展能力，着力提高信息化应用水平，着力优化信息化发展环境，让信息化造福社会、造福人民，为实现中华民族伟大复兴的中国梦奠定坚实基础。按照《国家信息化发展战略纲要》要求，制定好国家信息化战略的时间表和路线图。

3．先行先试：加快国家信息经济示范区建设

2016 年 11 月，中央网信办、国家发展和改革委员会共同批复同意浙江省设立国家信息经济示范区。浙江省国家信息经济示范区建设将着力加强深化供给侧结构性改革，落实 G20 杭州峰会数字经济发展与合作倡议成果，着力探索适合信息经济创新发展的新体制、新机制和新模式，以信息化培育新动能，用新动能推动新发展。要着力打造各具特色的试点城市；以世界互联网大会永久会址为载体，创建乌镇互联网创新发展试验区，努力推动浙江在“互联网 +”、大数据产业发展、新型智慧城市、跨境电子商务、分享经济、基础设施智能化转型、信息化与工业化深度融合、促进新型企业家成长等方面走在全国前列，创造可复制、可推广的经验。浙江将在三个方面开展示范：一是打造经济发展新引擎，在制造业与互联网的深度融合、社会发展的深度应用、政府服务与管理的深度应用上开展示范；二是培育创新驱动发展新动能，突破信息经济核心关键技术，推进科技成果转化与应用，大力实施开放式创新；三是推进体制机制创新，重点在信息基础设施共建共享、互联网的区域开放应用和管控体系、公共数据资源开放共享、推动“互联网 +”新业态发展、政府管理与服务等方面进行探索创新，以此持续释放信息经济发展红利。

（二）加快推进国家大数据战略

随着云计算、大数据、移动互联网、物联网和人工智能的出现，推动了第二次信息革命——数据革命，进入数字经济 2.0 时代。在这个时期，大数据的迅速发展起到了更为关键的作用。

信息技术与经济社会的交汇融合引发了数据迅猛增长，数据已成为国家基础性战略资源，大数据正日益对全球生产、流通、分配、消费活动以及经济运行机制、社会生活方式和国家治理能力产生重要影响。尽管我国在大数据发展和应用方面已具备一定的基础，拥有市场优势和发展潜力，但也存在政府数据开放共享不足、产业基础薄弱、缺乏顶层设计和统筹规划、法律法规建设滞后、创新应用领域不广等问题，亟待解决。

1．大数据的发展形势及重要意义

目前，我国互联网、移动互联网用户规模居全球第一，拥有丰富的数据资源和应用市场优势，大数据部分关键技术研发已取得突破，涌现出一批互联网创新企业和创新应用，一些地方政府已启动大数据相关工作。坚持创新驱动发展，加快大数据部署，深化大数据应用，已成为稳增长、促改革、调结构、惠民生和推动政府治理能力现代化的内在需要和必然选择。

（1）大数据成为推动经济转型发展的新动力。以数据流引领技术流、物质流、资金流、人才流，将深刻影响社会分工协作的组织模式，促进生产组织方式的集约和创新。大数据推动社会生产要素的网络化共享、集约化整合、协作化开发和高效化利用，改变了传统的生产方式和经济运行机制。大数据持续激发商业模式创新，不断催生新业态，已成为互联网等新兴领域促进业务创新增值、提升企业核心价值的重要驱动力。大数据产业正在成为新的经济增长点，将对未来信息产业格局产生重要影响。

（2）大数据成为重塑国家竞争优势的新机遇。在全球信息化快速发展的大背景下，大数据已成为国家重要的基础性战略资源，正引领新一轮科技创新。充分利用我国的数据规模优势，实现数据规模、质量和应用水平同步提升，发掘和释放数据资源的潜在价值，有利于更好地发挥数据资源的战略作用，增强网络空间数据主权保护能力，维护国家安全，有效提升国家竞争力。

（3）大数据成为提升政府治理能力的新途径。大数据应用能够揭示传统技术方式难以展现的关联关系，推动政府数据开放共享，促进社会事业数据融合和资源整合，将极大地提升政府整体数据分析能力，为有效处理复杂社会问题提供新的手段。建立“用数据说话、用数据决策、用数据管理、用数据创新”的管理机制，实现基于数据的科学决策，将推动政府管理理念和社会治理模式进步，加快建设与社会主义市场经济体制和中国特色社会主义事业发展相适应的法治政府、创新政府、廉洁政府和服务型政府，逐步实现政府治理能力现代化。

2．大数据与信息化、数字经济的关系

信息技术与经济社会的交汇融合引发了数据迅猛增长，大数据应运而生。同时，大数据的迅速发展又掀起了新的信息化浪潮，为信息产业和数字经济的发展提供了新机遇、新挑战。

（1）大数据与信息化。与以往数据比较，大数据更多地表现为容量大、类型多、存取速度快、应用价值高等特征，是数据集合。这些数据集合、这种海量数据的采集、存储、分析和运用必须以信息化作为基础，充分利用现代信息通信技术才能实现。

①大数据推动了信息化新发展。大数据作为新的产业，它不但具备了第一产业的资源性，还具备了第二产业的加工性和第三产业的服务性，因此它是一个新兴的战略性产业，其开发利用的潜在价值巨大。实际上，我们对大数据开发利用的过程，即是推进信息化发展的过程。因为大数据加速了信息化与传统产业、行业的融合发展，掀起了新的信息化浪潮和信息技术革命，推动了传统产业、行业转型升级发展。所以，从这个层面讲，大数据推动信息化与传统产业、行业的融合发展的过程，也就是“互联网+”深入发展的过程。“互联网+”是一种新型经济形态，利用膨胀增长的信息资源推动互联网与传统行业相融合，促进各行业的全面发展。“互联网+”的核心不在于“互联网”，而在于“+”，关键是融合。传统行业与互联网建立起有效的连接，打破信

息的不对称，结合各自的优势，迸发出新的业态和创新点，从而实现真正的融合发展。而大数据在“互联网+”的发展中扮演着重要的角色，大数据服务、大数据营销、大数据金融等都将共同推进“互联网+”的进程，促进互联网与各行各业的融合发展。未来的“互联网+”模式是去中心化，最大限度地连接各个传统行业中最具实力的合作伙伴，使之相互融合，整个生态圈的力量才是最强大的。

②大数据是信息化的表现形式，或者是信息化的实现途径和媒介。在数字经济时代，信息技术同样是经济发展的核心要素，只是信息更多由数据体现，并且这种数据容量越来越大、类型越来越复杂、变化速度越来越快。所以，需要对数据进行采集、存储、加工、分析，形成数据集合——大数据。因此，大数据既是信息化新的表现形式，又是新的信息化实现的途径和媒介。

（2）大数据与数字经济。大数据与数字经济都以信息化为基础，并且均与互联网相互联系，所以要准确理解大数据与数字经济的关系，必须以互联网（更准确讲，是“互联网+”）为联系纽带进行分析。腾讯董事会主席兼首席执行官马化腾领衔撰写的新书《数字经济：中国创新增长新动能》指出互联网是新兴技术和先进生产力的代表，“互联网+”强调的是连接，是互联网对其他行业提升激活、创新赋能的价值迸发；而数字经济呈现的则是全面连接之后的产出和效益。即“互联网+”是手段，数字经济是结果。数字经济概念与“互联网+”战略的主题思想一脉相承。数字经济发展的过程也是“互联网+”行动落地的过程，是新旧经济发展动能转换的过程，也是传统行业企业将云计算、大数据、人工智能等新技术应用到产品和服务上，融合创新、包容发展的过程。由此看来，大数据是传统行业与互联网融合的一种有效手段；同时大数据也是数字经济结果实现的新平台、新手段和新途径，大数据推进了“互联网+”行动落地的过程，推进了新旧经济发展动能转换的过程；大数据加快了互联网与传统产业深度融合，加快了传统产业数字化、智能化，为做大做强数字经济提供了必要条件和手段。在数字经济时代，经济发展必然以数据为核心要素。

3．加快推进国家大数据战略

国务院于2015年9月5日发布了《促进大数据发展行动纲要》(以下简称《纲要》)。《纲要》提出用5～10年时间实现打造精准治理、多方协作的社会治理新模式，建立运行平稳、安全高效的经济运行新机制，构建以人为本、惠及全民的民生服务新体系，开启大众创业、万众创新的创新驱动新格局，培育高端智能、新兴繁荣的产业发展新生态等五大发展目标。《纲要》提出三个方面的任务要求：重点完成加快政府数据开放共享，推动资源整合，提升治理能力；推动产业创新发展，培育新兴业态，助力经济转型；强化安全保障，提高管理水平，促进健康发展。《纲要》就上述目标任务提出加快建设政府数据资源共享开放工程、国家大数据资源统筹发展工程、政府治理大数据工程、公共服务大数据工程、工业和新兴产业大数据工程、现代农业大数据工程、万众创新大数据工程、大数据关键技术及产品研发与产业化工程、大数据产业支撑能力提升工程和网络与大数据安全保障工程等十大系统工程。

此外，还需要从法规制度、市场机制、标准规范、财政金融、人才培养和国际合作等方面，为大数据推动数字经济发展提供政策保障。

4．加快国家大数据综合实验区建设

为贯彻落实国务院《促进大数据发展行动纲要》，2015 年 9 月，贵州启动了全国首个大数据综合试验区建设工作。2016 年 2 月，国家发展和改革委员会、工业和信息化部、中央网信办三部门批复同意贵州建设全国首个国家级大数据综合试验区。2016 年 10 月 8 日，国家发展和改革委员会、工业和信息化部、中央网信办发函批复，同意在京、津、冀等七个区域推进国家大数据综合试验区建设，这是继贵州之后第二批获批建设的国家级大数据综合试验区。此次批复的国家大数据综合试验区包括两个跨区域类综合试验区（京津冀、珠江三角洲）、四个区域示范类综合试验区（上海市、河南省、重庆市、沈阳市）和一个大数据基础设施统筹发展类综合试验区（内蒙古）。其中，跨区域类综合试验区的定位是，围绕落实国家区域发展战略，更加注重数据要素流通，以数据流引领技术流、物质流、资金流、人才流，支撑跨区域公共服务、社会治理和产业转移，促进区域一体化发展；区域示范类综合试验区的定位是，积极引领东部、中部、西部、东北等“四大板块”发展，更加注重数据资源统筹，加强大数据产业集聚，发挥辐射带动作用，促进区域协同发展，实现经济提质增效。基础设施统筹发展类综合试验区的定位是，在充分发挥区域能源、气候、地质等条件的基础上，加大资源整合力度，强化绿色集约发展，加强与东、中部产业、人才、应用优势地区合作，实现跨越发展。第二批国家大数据综合试验区的建设，是贯彻落实国务院《促进大数据发展行动纲要》的重要举措，将在大数据制度创新、公共数据开放共享、大数据创新应用、大数据产业聚集、大数据要素流通、数据中心整合利用、大数据国际交流合作等方面进行试验探索，推动我国大数据创新发展。

二、进一步优化数字经济发展的市场环境

国家信息化战略和大数据战略的深入实施，大大提高了企业和市场的数字化基础建设的水平，分别为数字经济发展提供了重要基础和新平台。另外，数字经济的发展还需要具备良好的市场环境。

（一）加强企业数字化建设

我国企业数字化建设仍然处于基础设施建设阶段，深层次应用与创新有待进一步提高。在占我国工商企业总数 99% 的中小企业中，虽然有高达 80% 的中小企业具有接入互联网的能力，但用于业务应用的只占 44.2%，相当多的企业仅仅是建立了门户

网站，真正实现数字化服务、生产与管理全方位协同发展的企业少之又少。根据2017年1月中央网络安全和信息化领导小组办公室、国家互联网信息办公室、中国互联网络信息中心联合发布的《中国互联网络发展状况统计报告》数据显示，受访企业对云计算、物联网与大数据三类新技术的认知程度分别为57.9%、53.4%和52.1%，有近40%的企业对新技术认知不够。企业对云计算、物联网与大数据技术的采用/计划采用比例，相比2015年明显提高，但是大体比例均在20%左右，企业技术创新步伐有待提高，直接影响企业转型升级发展。服务企业对一站式服务、个性化服务、社会化协作平台等创新服务模式的认知比例分别为65.9%、51.3%和41.7%，基本与2015年水平持平。

因此，加强企业数字化建设是企业发展数字经济，抢占新经济“蓝海”的当务之急。鼓励企业加大数字化建设投入，积极开展数字经济立法，不断优化市场环境和规范市场竞争，是加快我国企业和市场数字化创新步伐的必然要求。

（二）优化互联网市场环境

目前，市场数字化呈现快速发展趋势，但市场环境仍然不成熟。根据互联网实验室2011年发布的《中国互联网行业垄断状况调查及对策研究报告》，我国互联网行业已经由自由竞争步入寡头竞争时代。但是，由于互联网市场监管法规不完善，处于支配地位的寡头经营者很容易利用技术壁垒和用户规模形成垄断，从而损害消费者的福利和抑制互联网行业技术创新，由此导致网络不正当竞争行为层出不穷。2010年以来，互联网领域相继爆发“3Q大战”、蒙牛与伊利“诽谤门”等网络恶性竞争事件，对网络产业的生态环境产生巨大负面影响。由于网络环境的虚拟性、开放性，网络恶性竞争行为更加隐蔽、成本更低、危害更大，不仅损害个别企业的利益，更加影响公平、诚信的竞争秩序，对数字化市场的发展环境构成严重威胁。

综上所述，中国数字经济已经扬帆起航，正在引领经济增长从低起点高速追赶走向高水平稳健超越，供给结构从中低端增量扩能走向中高端供给优化，动力引擎从密集的要素投入走向持续的创新驱动，技术产业从模仿式跟跑、并跑走向自主型并跑、领跑，为最终实现经济发展方式的根本性转变提供了强大的引擎。

第二节　融合发展：调整产业结构，提高信息化程度

数字经济正在引领传统产业转型升级，数字经济正在改变全球产业结构，数字经济正在改变企业生产方式。那么，数字经济时代政府如何调整产业结构，提高信息化程度，紧紧跟随数字经济发展潮流和趋势，是必须要面对的新时代课题。

一、大数据驱动产业创新发展

新形势下发展数字经济需要推动大数据与云计算、物联网、移动互联网等新一代信息技术融合发展，探索大数据与传统产业协同发展的新业态、新模式，促进传统产业转型升级和新兴产业发展，培育新的经济增长点。

（一）大数据驱动工业转型升级

推动大数据在工业研发设计、生产制造、经营管理、市场营销、售后服务等产品全生命周期、产业链全流程各环节的应用，分析感知用户需求，提升产品附加价值，打造智能工厂。建立面向不同行业、不同环节的工业大数据资源聚合和分析应用平台。抓住互联网跨界融合机遇，促进大数据、物联网、云计算和三维（3D）打印技术、个性化定制等在制造业全产业链集成运用，推动制造模式变革和工业转型升级。

（二）大数据催生新兴产业

大力培育互联网金融、数据服务、数据探矿、数据化学、数据材料、数据制药等新业态，提升相关产业大数据资源的采集获取和分析利用能力，充分发掘数据资源支撑创新的潜力，带动技术研发体系创新、管理方式变革、商业模式创新和产业价值链体系重构，推动跨领域、跨行业的数据融合和协同创新，促进战略性新兴产业发展、服务业创新发展和信息消费扩大，探索形成协同发展的新业态、新模式，培育新的经济增长点。

（三）大数据驱动农业农村发展

构建面向农业农村的综合信息服务体系，为农民生产生活提供综合、高效、便捷的信息服务，缩小城乡数字鸿沟，促进城乡发展一体化。加强农业农村经济大数据建设，完善村、县相关数据采集、传输、共享基础设施，建立农业、农村数据采集、运算、应用、服务体系，强化农村生态环境治理，增强乡村社会治理能力。统筹国内、国际农业数据资源，强化农业资源要素数据的集聚利用，提升预测预警能力。整合构建国家涉农大数据中心，推进各地区、各行业、各领域涉农数据资源的共享开放，加强数据资源的发掘运用。加快农业大数据关键技术研发，加大示范力度，提升生产智能化、经营网络化、管理高效化、服务便捷化的能力和水平。

（四）推进基础研究和核心技术攻关

围绕数据科学理论体系、大数据计算系统与分析理论、大数据驱动的颠覆性应用模型探索等重大基础研究进行前瞻布局，开展数据科学研究，引导和鼓励在大数据理论、方法及关键应用技术等方面展开探索采取“政用产学研”相结合的协同创新模式和基于开源社区的开放创新模式，加强海量数据存储、数据清洗、数据分析发掘、数据可视化、信息安全与隐私保护等领域关键技术攻关，形成安全可靠的大数据技术体系。支持自然语言理解、机器学习、深度学习等人工智能技术创新，提升数据分析处理能力、知识发现能力和辅助决策能力。

（五）形成大数据产品体系和产业链

围绕数据采集、整理、分析、发掘、展现、应用等环节，支持大型通用海量数据存储与管理软件、大数据分析发掘软件、数据可视化软件等软件产品和海量数据存储设备、大数据一体机等硬件产品发展，带动芯片、操作系统等信息技术核心基础产品发展，打造较为健全的大数据产品体系。大力发展与重点行业领域业务流程及数据应用需求深度融合的大数据解决方案。

支持企业开展基于大数据的第三方数据分析发掘服务、技术外包服务和知识流程外包服务。鼓励企业根据数据资源基础和业务特色，积极发展互联网金融和移动金融等新业态。推动大数据与移动互联网、物联网、云计算的深度融合，深化大数据在各行业的创新应用，积极探索创新协作共赢的应用模式和商业模式。加强大数据应用创新能力建设，建立“政用产学研”联动、大中小企业协调发展的大数据产业体系。建立和完善大数据产业公共服务支撑体系，组建大数据开源社区和产业联盟，促进协同创新，加快计量、标准化、检验检测和认证认可等大数据产业质量技术基础建设，加速大数据应用普及。

二、“互联网 +”推动产业融合发展

2015 年 3 月 5 日，李克强总理在十二届全国人大三次会议政府工作报告中首次提出“互联网 +”行动计划。2015 年 7 月，国务院发布《关于积极推进“互联网 +”行动的指导意见》，明确了“互联网 +”的十一个重点行动领域：创业创新、协同制造、现代农业、智慧能源、普惠金融、益民服务、高效物流、电子商务、便捷交通、绿色生态、人工智能。

（一）推进企业互联网化

数字经济引领传统产业转型升级的步伐开始加快。以制造业为例，工业机器人、3D 打印机等新装备、新技术在以长三角、珠三角等为主的中国制造业核心区域的应用明显加快。

1.“互联网 +”树立企业管理新理念

企业互联网思维包含极致用户体验（user experience）、免费商业模式（freemium）和精细化运营（operation）三大要素，三大要素相互作用，形成一个完整的体系（或称为互联网 UFO 模型）。互联网思维是在互联网时代的大背景下，传统行业拥抱互联网的重要思考方式和企业管理新理念。

互联网时代对企业生产、运营、管理和营销等诸多方面提出了新要求，企业必须转变传统思维模式，树立互联网思维模式。运用大数据等现代信息技术实现企业的精细化运营；坚持以用户心理需求为出发点，转变经营理念，秉承极少主义、快速送达和微创新原则，实现产品的极致用户体验，例如，腾讯公司、360 公司用户开发方面的成功案例，即是最好的例证；实行看似免费的商业模式，加强企业与用户的联系，同样是腾讯公司、360 公司将这一思维模式发挥到极致。

2．推进企业互联网化的行动保障

政府通过加大中央预算内资金投入力度，引导更多社会资本进入，分步骤组织实施“互联网 +”重大工程，重点促进以移动互联网、云计算、大数据、物联网为代表的新一代信息技术与制造、能源、服务、农业等领域的融合创新，发展壮大新兴业态，打造新的产业增长点。统筹利用现有财政专项资金，支持“互联网 +”相关平台建设和应用示范；开展股权众筹等互联网金融创新试点，支持小微企业发展；降低创新型、成长型互联网企业的上市准入门槛，结合《中华人民共和国证券法》修订和股票发行注册制改革，支持处于特定成长阶段、发展前景好但尚未盈利的互联网企业在创业板上市。鼓励开展“互联网 +”试点示范，推进“互联网 +”区域化、链条化发展。支持全面创新改革试验区、中关村等国家自主创新示范区、国家现代农业示范区先行先试，积极开展“互联网 +”创新政策试点，破除新兴产业行业准入、数据开放、市场监管等方面的政策障碍，研究适应新兴业态特点的税收、保险政策，打造“互联网 +”生态体系。

（二）推进产业互联网化

推进产业互联网化，就是推动互联网向传统行业渗透，加强互联网企业与传统行业跨界融合发展，提高传统产业的数字化、智能化水平，由此做大做强数字经济，拓展经济发展新空间。数字经济特有的资源性、加工性和服务性，为产业互联网化提供了更为广阔的空间。总体来讲，产业互联网化就是推进互联网与第一产业、第二产业和第三产业的深度融合、跨界发展。产业互联网化的过程即是传统产业转型发展、创新发展和升级发展的过程。

目前，应该以坚持供给侧结构改革为主线，重点推进农业互联网化，这是实现农业现代化的重要途径；重点推进制造业互联网化，这是实现制造业数字化、智能化的重要途径；重点推进服务产业的互联网化，这是推进第三产业数字化发展的重要手段。大数据的迅猛发展，加快了产业“互联网 +”行动进程。在未来一段时期内，大数据将驱动金融、教育、医疗、交通和旅游等行业快速发展。

三、加快信息技术产业和数字内容产业发展

在数字经济时代，发达国家经济增长的决定性因素由要素投入的“规模效应”转变为知识“溢出效应”，以信息数字技术为核心的知识密集型产业正在成为新的经济增长点。我国也应该顺应知识密集型产业发展的历史潮流，加快新一代信息技术创新，积极发展数字内容产业，通过产业融合和链条经济推动产业结构升级调整。

（一）加强新一代信息技术产业发展

当前，以云计算、物联网、下一代互联网为代表的新一代信息技术创新方兴未艾，广泛渗透到经济社会的各个领域，成为促进创新、经济增长和社会变革的主要驱动力。2010 年 10 月，国务院《关于加快培育和发展战略性新兴产业的决定》，提出要加快发展新一代信息技术产业，加快建设宽带、泛在、融合、安全的信息网络基础设施，推动新一代移动通信、下一代互联网核心设备和智能终端的研发及产业化；加快推进三网融合，促进物联网、云计算的研发和示范应用，数字经济在我国将迎来前所未有的发展机遇。然而，由于我国是在工业化的历史任务远没有完成的背景之下发展数字经济的，必须积极通过新一代信息技术创新，发挥新一代信息技术带动力强、渗透力广、影响力大的特点，充分利用后发优势推动工业、服务业结构升级，走信息化与工业化深度融合的新型工业化道路。在实践方面，中国移动、中国联通、中国电信三大电信运营商和华为、中兴等电信设备提供商在积极探索、推动以 5G、无线上网、宽带接入为核心的信息通信技术的发展，并取得了一定的成果，我国的信息通信产业正在日益成熟。

（二）重视数字内容产业发展

数字经济已经从“硬件为王”“软件为王”进入“内容为王”的时代，数字内容产业正逐渐成为增长最快的产业。然而，同数字经济发达国家比较，我国的数字内容产业在产业链条、产业规划和法律环境等方面还存在一定的差距。发达国家的数字内容产业通常以内容产品为核心，通过产业前向和后向关联机制衍生出产业链条；国内的数字内容产业则“有产无链”，没有充分发挥数字内容产业所蕴含的链条经济效应。当前数字内容产业在各省份、地区蜂拥而上，缺乏国家层面的规划布局，造成重复建设、同质竞争和资源浪费，不利于产业未来做大做强。国内知识产权保护意识薄弱，各种侵权行为层出不穷，严重侵害了数字内容产品开发者的利益，大大抑制了数字内容产业的创新步伐。因此，我国必须统筹制定数字内容产业发展规划，加大知识产权保护力度，以链条经济充分带动数字内容产业的发展。

总之，数字经济在我国已经扬帆起航，数字经济正在打破传统的产业发展格局。为此，政府需要从数字经济发展的平台建设、“互联网 +”行动计划，重视数字内容产

业发展等方面采取措施，推进新形势下我国产业结构调整，提高信息化程度，积极应对数字经济发展。

第三节 共享参与：弥合数字鸿沟，平衡数字资源

数字改变生活，数字经济发展也正在改变我们的明天。在数字经济时代，社会和公众如何共享参与数字经济发展，使经济社会发展的成果惠及全社会和广大民众，这是国家加快数字经济发展的出发点和最终落脚点。

一、弥合数字鸿沟，平衡数字资源

目前，我国数字经济发展的最显著优势是网民众多，网民众多有利于我国成功从人口红利向网民红利转变。但是，以互联网为代表的数字革命普及和应用的不平衡现实客观存在。

（一）数字鸿沟的主要表现

1．网民城乡分布不均衡

截至2022年12月，中国农村网民规模达到10.67亿，较2021年年底增加3549万人，互联网普及率达到75.6%。其中，城镇网民规模为7.59亿，占据全体网民的71.1%，农村网民规模为3.08亿，仅为28.9%，两者相差42.2%；全年移动互联网接入流量达2618亿GB。

2．网民地区分布不均衡

截至2022年12月，由于各地区经济发展水平、互联网基础设施建设方面存在差异，数字鸿沟现象依然存在。我国各地区互联网发展水平与经济发展速度关联度较高，普及率排名靠前的省份主要集中在华东地区，而普及率排名靠后的省份主要集中在西南地区。

3．不同群体数字鸿沟显著

低学历群体依然是数字时代的“弱势群体”。国外数字鸿沟研究显示，数字鸿沟的存在不仅取决于网络设施普及程度，更取决于人们运用数字技术的知识与能力。这种现象在我国当前的数字鸿沟中表现得十分明显。不同学历群体间存在巨大的数字鸿沟，这主要是因为低学历群体缺乏必要的网络知识技能和更强的学习能力。第39次《中国互联网络发展状况统计报告》数据显示，上网技能缺失以及文化水平限制仍是阻碍非网民上网的重要原因。其中因不懂计算机、网络，不懂拼音等知识水平限制而不上网的网民占比分别为54.5%和24.2%；由于不需要、不感兴趣而不上网的非网民占比为

13.5%；受没有计算机，当地无法连接互联网等上网设施限制而无法上网的非网民占比为 12.8%。

（二）弥合数字鸿沟的具体举措

通过对我国网民城乡间、地区间和不同群体间的比较可以看出，目前数字鸿沟是社会共享参与数字经济发展的最大障碍。因此，弥合数字鸿沟，平衡数字资源，是促进社会共享参与数字经济发展的必然要求。具体举措如下。

1．建设数字政府

通过提升 Wi-Fi 网络覆盖面和上网便捷性，加快推动和实现政府数据的开放和应用，引领大数据及相关产业的创新或研究，建立和整合市政府公共云数据中心，推动和推广政府部门电子政务移动服务等措施，加快数字政府建设，提升政府对民众参与数字经济的服务水平和能力。

2．实现网络全覆盖

通过加大信息网络基础设施建设，尽快实现网络全面覆盖城乡，均等加大不同地区网络建设投入力度，使数字经济成果惠及不同区域、不同地区、不同群体。

3．加强信息化教育

通过引用数字化手段帮助贫困家庭儿童求学、求知，提高综合素质，提升上网技能；加快城镇化进程，实现农村不上网群体生产生活转变，提高民众参与数字经济发展的热情。

二、大力倡导大众创业、万众创新

适应国家创新驱动发展战略，实施大数据创新行动计划，鼓励企业和公众发掘、利用开放数据资源，激发创新、创业活力，促进创新链和产业链深度融合，推动大数据发展与科研创新有机结合，形成大数据驱动型的科研创新模式，打通科技创新和经济社会发展之间的通道，推动万众创新、开放创新和联动创新。

（一）扶持社会创新发展

数字经济是未来经济发展的新蓝海，蕴藏巨大的商机和展现更为广阔的市场。面对数字经济带来的新机遇、新挑战，政府应该帮助社会创新发展，因为只有创新才能使社会大众从数字经济的金矿里挖掘更多的“金子”。

1．鼓励和扶持大学生和职业院校毕业生创业

实施“大学生创业引领计划”，培育大学生创业先锋，支持大学生（毕业 5 年内）开展创业、创新活动。通过创业、创新座谈会，聘请专家讲座等形式鼓励和引导大学生创业、创新。积极扶持职业中专、普通中专学校毕业生到各领域创业，享受普通高校毕业生的同等待遇。免费为职业学校毕业生提供创业咨询、法律援助等服务。

2．支持机关事业单位人员创业

对于机关事业单位工作人员经批准辞职创业的，辞职前的工作年限视为机关事业社保缴费年限，辞职创业后可按机关事业保险标准自行续交，退休后享受机关事业单位保险机关待遇。

3．鼓励专业技术人员创业

鼓励专业技术人员创业，探索高校、科研院所等事业单位专业技术人员在职创业、离岗创业的有关政策。对于离岗创业的，经原单位同意，可在3年内保留人事关系，与原单位其他在岗人员同等享有参加职称评聘、岗位等级晋升和社会保险等方面的权利。鼓励利用财政性资金设立的科研机构、普通高校、职业院校，通过合作实施、转让、许可和投资等方式，向高校毕业生创设的小型企业优先转移科技成果。完善科技人员创业股权激励政策，放宽股权奖励、股权出售的企业设立年限和盈利水平限制。

4．创造良好创业、创新政策环境

简化注册登记事项，工商部门实行零收费，同时实行创业补贴和税收减免政策。取消最低注册资本限制，实行注册资本认缴制；清理工商登记前置审批项目，推行“先照后证”登记制度；放宽住所登记条件，申请人提供合法的住所使用证明即可办理登记；加快“三证合一”（即营业执照、组织机构代码证和税务登记证三证合一）登记制度改革步伐，推进实现注册登记便利化。

5．实行优惠电子商务扶持政策

依托“互联网+”、大数据等，推动各行业创新商业模式，建立和完善线上与线下、境内与境外、政府与市场开放合作等创业、创新机制。全面落实国家已明确的有关电子商务税收支持政策，鼓励个人网商向个体工商户或电子商务企业转型，对电子商务企业纳税有困难且符合减免条件的，报经地税部门批准，减免地方水利建设基金、房产税、城镇土地使用税；支持电子商务及相关服务企业参与高新技术企业、软件生产企业和技术先进型服务企业认定，如符合条件并通过认定的，可享受高新技术企业等相关税收优惠政策。

（二）规范和维护网络安全

随着移动互联网各种新生业务的快速发展，网民网络安全环境日趋复杂。为此，政府需要加强法律制度建设，提高网民网络安全意识，维护社会公共利益，保护公民、法人和其他组织的合法权益，促进经济社会信息化健康发展。

1．网民安全感现状

目前，网络安全事件依然对大部分网民构成影响。根据第39次《中国互联网络发展状况统计报告》数据显示，三成以上网民对网络安全环境持信任态度，认为上网环境“非常安全”和“比较安全”的占比为38.8%；而认为上网环境“不太安全”和“很不安全”的用户占比也达到20.3%。

2．网络安全事件类型

我国网民面临的主要网络安全事件包括网上诈骗、设备中病毒或木马、账号或密码被盗、个人信息泄露等情况。2022 年，各类网络安全事件发生情况如下：网上诈骗占 17.8%，设备中病毒或木马占 8.7%，账号或密码被盗占 6.9%，个人信息泄露占 21.8%，其他情况为 63.2%。初步统计，2022 年，我国网民因为诈骗信息、个人信息泄露等遭受的经济损失人均 43355 元，总体经济损失约 2665 万元。数据使用管理不规范，个人信息安全保护不力，既损害了公众利益，影响了社会安定，也打击了社会公众开放共享数据信息的信心，不利于大数据产业的长远发展，影响我国经济的转型升级。

3．加强网络安全监管

随着移动互联网各种新生业务的快速发展，网络安全环境日趋复杂。为此，2016 年 11 月 7 日，十二届全国人大常委会第二十四次会议通过了《中华人民共和国网络安全法》，为保障网络安全，维护网络空间主权和国家安全、社会公共利益，保护公民、法人和其他组织的合法权益，促进经济社会信息化健康发展奠定了法律基础。2016 年 12 月 27 日，国家互联网网络信息办公室发布《国家网络空间安全战略》，为国家未来网络安全工作的开展指明了方向。

当前，大数据已从互联网领域延伸至电信、金融、地产、贸易等各行各业，与大数据市场相关联的新技术、新产品、新服务、新业态不断涌现，并不断融入社会公众生活。大数据在为社会发展带来新机遇的同时，也给社会安全管理带来新挑战。由于数据的采集和使用权责不明、边界不清，一些公共部门和大型公司过度采集和占用数据，一些企业和个人不规范使用数据信息，直接侵害了数据信息所有人的合法权益。针对以上问题，全国人大代表陈琼建议结合我国实际，借鉴国际经验，尽快启动规范数据使用和保护个人信息安全方面的立法工作。规范数据使用管理，对非法盗取、非法出售、非法使用、过度披露数据信息的行为，开展专项打击，整顿市场秩序。将个人使用数据的失当行为纳入公民社会信用记录，有效净化数据使用环境。陈琼代表还建议强化行业自律，将有关内容纳入各行业协会自律公约之中，建立互联网、电信、金融、医疗、旅游等行业从业人员保守客户信息安全承诺和违约同业惩戒制度。

（三）树立共享协作意识

移动互联网平台、大数据平台和手机 App 等现代信息技术平台的推广运用，使社会、公众的联系越加紧密。这也为数字经济时代社会协作发展提供了可能。

1．积极发挥社会组织公益式孵化作用

社会组织本质上是自愿结社，具有平等共享和自发的特点，成员之间平等交流、同业互助的社会关系能够促进良性的创新思维。同时，自发成立的社会组织本身也是一种创业和创新，可以说，社会组织天然地具有创业、创新基因。为了提高创业、创新的成功概率，应该积极发挥社会组织对创业者的公益式孵化作用，弥补国家、政府、企业无法顾及的创业、创新领域。目前，在中关村就有多家社会组织为“大众创业、万众创新”提供全方位服务，如“民营经济发展促进会”“民营经济发展研究院”“大学生创新创业联盟”“职业教育产业联盟”“中关村国大中小微企业成长促进会”“中关村创业投资和股权投资基金协会”等，通过开办“创新创业大讲堂”“创新创业服务超市”“创新创业孵化基地”等，为数以万计的创业青年、众创空间、创业技术企业提供了融资、专业技能、管理水平、政策法规、办理执照等服务。

2．坚持共享协作发展

在数字经济时代，创业、创新发展不再是单兵作战、孤军奋战，而是社会全面共享协作发展。所以，创业、创新发展要获得巨大成功，必须充分利用移动互联网平台、手机 App 等数字化服务，加强政府、企业、社会共享协作发展，构建“政府引导、企业主导发展、社会共享协同参与”的数字经济发展新格局。

总之，数字经济发展成果广泛惠及社会民众，这是数字经济发展的根本。所以，弥合数字鸿沟，平衡数字资源，是社会共享参与数字经济发展的基本前提；大力倡导大众创业、万众创新，是社会共享参与数字经济发展的具体实践。

第六章　数字经济时代电子商务的发展

第一节　电子商务对中国经济的影响

电子商务的快速发展深刻地影响着中国经济。当前的影响，在产业层面主要表现为重塑了流通体系的基本结构，加速了流通体系的现代化进程；在宏观层面主要表现为拉动了经济增长。未来，电子商务的发展将继续影响流通领域的变革，并通过与制造业的融合发展推动中国工业的数字化转型。但在进一步发挥作用的过程中，将面临就业替代效应、网络市场秩序不规范、技术创新投资不足等新问题。政府应以减轻就业冲击和鼓励电子商务创新发展为根本出发点，规范网络秩序，加强资金引导，完善支撑体系建设，推动电子商务深入发展。

电子商务引领了一场新的流通革命。这场革命肇始于 20 世纪 90 年代中期的美国，但从世界范围来看，到目前为止，它在中国的发展最为引人注目。中国的新流通革命兴起于 2000 年左右，尽管晚于美国，但发展却更为迅速。2013 年，中国的网络零售规模超过美国，成为全球最大的网络零售体系。

关于这场新流通革命的论述有很多，归纳起来有以下两类。

第一类研究是通过对电子商务与传统零售的比较分析，试图找出电子商务的独特运行规律。当前的研究主要是从商业模式、定价方式和治理机制等多个维度展开对比分析。这类比较研究带来的好处是让人们更快、更好地认清电子商务的独特发展规律，但也存在缺陷，主要是无法帮助人们认清电子商务在具体国家的发展中表现出来的独特规律。例如，它们无法解释为什么电子商务在中美两国发展会表现出极大的差异，也无法解释电子商务对中国经济的影响等。事实上，这类比较研究属于概念辨析型研究，一般在新事物刚刚出现时大量涌现。

第二类研究是关于电子商务这场新流通革命在中国的独特性。随着中国电子商务的持续发展，越来越多的研究者开始聚焦于对电子商务这场新流通革命在中国独特的展开过程进行论述。这些研究的主题大致也可以划分为两类：一是聚焦于探索中国电子商务发展过程中表现出的不同于其他国家的独特性的原因。例如，李强治分析了为什么中国网络零售会以指数形式快速增长，王超贤则对为什么中国网络零售组织会以平台模式为主导，而不是像美国一样以自营模式为主导等问题进行论述。二是侧重研究电子商务发展对中国经济的影响。研究者通过对电子商务与经济增长之间的影响机制分析、回归分析等，试图揭示并量化电子商务对中国经济增长的影响机制和影响程度。

第二类研究中的两类研究都处于刚刚起步阶段，还有待进一步完善，其中电子商务对中国经济影响的深入研究尤其迫切。这是因为澄清电子商务对中国经济当前和未来的影响，不仅可以为理解电子商务发展在中国经济中的地位提供事实基础，从而为当前关于电子商务的发展究竟是好是坏的争议予以解答，更重要的是可以从中推导出电子商务下一步将如何影响中国经济发展，并找出电子商务进一步发展存在的瓶颈，从而设计公共政策，释放电子商务的增长潜力，为中国经济转型发展提供持续的新动能。

关于电子商务对中国经济的影响问题，现有研究存在三个缺陷：第一，没有对电子商务如何影响中国流通体系的基本结构做出实证分析。从产业层面来看，电子商务是发生在流通领域的革命，首先冲击的是流通领域中的传统流通方式，因此利用数据刻画这个领域内发生的变革是研究电子商务对中国经济影响的第一步。第二，没有给出合理的测算方法计算电子商务的经济影响。现有的研究一般采用多元回归分析的方法测算电子商务发展对中国经济的影响，但这些回归模型存在重大缺陷，如遗漏重要解释变量以及解释变量之间存在共线性等。李勇坚在批判多元回归分析的基础上采用了消费乘数的方法，但这种方法的主要缺陷是利用了整个经济中的消费乘数作为流通领域的乘数。第三，没有对电子商务未来影响的重点领域进行合理展望。

本节致力于研究电子商务发展对中国经济的影响，并将电子商务的经济影响分为当前和未来两部分。对当前经济的影响分析，从产业和经济增长两个维度进行。为了阐述电子商务对流通领域的影响，使用构造新的统计指标阐述流通体系中不同流通模式的相对地位；为了分析电子商务对经济增长的影响，使用投入产出分析法计算出流通领域的带动系数。对于未来经济发展影响的分析，主要以人类历史上出现的两次流通革命的全部展开过程为逻辑线索。

一、电子商务对当前中国经济的影响

关于电子商务对当前中国经济的影响，从产业和宏观经济增长两个维度进行分析，而这两个维度的分析面临的主要问题是不同的。在产业层面，中国电子商务发展迅速，重塑了流通体系的基本结构。许多人都观察到并指明了这一点，但到目前为止，并没有人利用现有数据系统地说明流通领域发生的这些变革。解决这一难题的关键在于如何利用公开的统计数据将中国流通体系的基本结构描述出来。在宏观经济增长层面，问题的关键在于找到流通领域对经济增长的带动系数。

总体来看，关于电子商务对中国经济的当前影响，可以概括为不仅重塑了中国流通体系的基本结构，推动了中国流通体系的现代化，同时还带动了经济增长。

（一）电子商务重塑中国流通体系的基本结构

1. 中国流通体系基本结构的统计描述

王超贤在利用统计数据估算专业市场的发展特性时，为了刻画专业市场流通体系在中国国内流通体系中的地位，使用了《中国统计年鉴》中限额以上批发和零售业企业商品销售额作为中国国内商品流通总规模的近似描述，利用 1 亿元及以上商品交易市场交易额作为专业市场规模的近似描述，从而用 1 亿元及以上商品交易市场的交易额与限额以上批发零售总交易额的比值来衡量专业市场在中国国内流通体系中的地位。尽管这种统计方法存在一些弊端，并不能做出精准描述，但基本上说明了专业市场在中国流通体系中的相对重要程度。本节将这种方法延伸，利用它来近似说明其他流通体系的相对地位，从而得出中国流通体系的基本结构。

对连锁零售流通渠道在中国流通体系中相对地位的刻画，利用连锁零售企业商品销售额作为连锁零售规模的近似刻画，利用它与限额以上批发和零售业企业商品交易额的比值来近似刻画连锁零售的相对地位。对网络零售流通渠道在中国流通体系中相对地位的刻画，利用网络零售交易额作为网络零售渠道规模的近似刻画，利用它与限额以上批发和零售业企业商品交易额的比值来近似刻画网络零售的相对地位。由于网络零售模式至少存在 C2C（即个人与个人之间的电子商务）、基于平台的 B2C 和自营式 B2C 三种，且每一种模式的交易额都有相关数据，因此还可以更进一步地刻画出网络零售的内部结构。

中国流通体系不仅包括消费领域产成品的流通，还包括生产领域原材料和中间产品的流通。这个领域的交易较为复杂，且缺少直接的统计数据描述。因此，利用限额以上批发和零售业企业的商品销售总额减去上述消费领域的商品交易额来近似刻画这一流通体系的规模。

2. 电子商务的直接影响：重塑中国流通体系的基本结构

电子商务的迅速发展给中国流通体系带来了深刻变革，表现为重塑了中国流通体系的基本结构。

具体来看，电子商务对中国流通体系的重塑表现在以下三个方面。

（1）基于互联网的新兴流通渠道迅速扩张。与传统流通渠道相比，基于互联网技术的新兴流通渠道因效率更高、交易费用更低，因而具有更好的扩张性。例如在消费领域，经由网络零售体系流通的商品销售总额占全部社会商品流通总额的份额从 2000 年的不足 1% 增长到 2022 年的 27.2% 左右。从网络零售内部的发展情况来看，网络零售的模式分为 C2C 和 B2C 两种模式。近年来，伴随着消费升级，C2C 模式的份额逐渐减少，B2C 模式的份额逐渐增加。例如在 2022 年，以淘宝为代表的 C2C 模式在网络零售中所占份额首次低于 B2C，只占 30.8% 左右，而 B2C 模式的份额则达到了 69.2%。在 B2C 模式 52% 的份额中，以京东为代表的自营模式只占 25.5% 左右，以天猫为代表的平台型模式占 74.5% 左右。此外，在生产领域，以阿里巴巴、慧聪网等为代表的 B2B 型线上交易渠道的份额则从 2000 年的不足 5% 上升到 2022 年的 76% 左右。

（2）传统流通渠道快速衰落。在消费领域，过去居中国流通体系主导地位的是专业市场。专业市场是一种交易费用高昂、效率低下的层级型传统流通方式，在美国 20 世纪初就逐渐被连锁零售这种更加现代化的流通模式所取代，而在中国，传统的专业市场则主要是被新兴的网络零售所逐渐取代。

（3）连锁零售等现代化线下流通体系的增长变慢，但正逐渐通过线下与线上融合发展寻找新的竞争优势。从流通业发展历史来看，连锁零售是第二次流通革命中产生的现代化的流通渠道。在 20 世纪初到 90 年代的美国，连锁零售模式逐渐成为占主导的流通模式。在中国，如果没有电子商务的发展，连锁零售这种现代化的线下流通渠道将逐渐取代传统渠道的流通模式，但在连锁零售扩张时期，恰逢电子商务迅速崛起，抑制了连锁零售的扩张速度。

概括来看，电子商务的快速发展不仅重塑了中国流通体系的基本结构，加速了中国流通体系的现代化进程，而且使得中国流通体系的现代化道路不同于美国。例如，电子商务的快速发展没有给连锁零售足够多的发展和扩张空间来取代传统流通渠道，却为连锁零售体系提供了线上渠道，促使其发生新的变革。再如，在电子商务快速发展之前，中国流通体系的初始状态是传统专业市场模式占据局域主导地位，这显著不同于美国电子商务发展之初，其流通体系是现代化的连锁零售局域主导的状态，从而造成了中国网络零售在发展过程中呈现出主导模式是平台模式而非美国的自营模式。

（二）电子商务促进中国经济的增长

电子商务可以从多个维度影响宏观经济增长。例如李勇坚从微观、中观和宏观三个维度揭示了相应的机制：在微观层面，电子商务通过提高交易效率促进经济增长；在中观层面，电子商务通过促进企业规模结构和产业结构调整以及有利于进出口等多个机制来促进经济增长；在宏观层面，电子商务可以通过规模效应和乘数效应推动经济增长。杨坚争等则重点强调了电子商务可以通过改善经济效率来促进经济增长，而改善经济效率主要依靠降低交易费用，具体机制包括降低发现交易对象、价格搜寻、考察和谈判、防范机会主义行为、维护市场交易秩序的费用等。

不管研究者归纳总结的电子商务促进经济增长的机制是什么，基本的共识是电子商务的确可以促进经济增长。问题的关键在于这种影响的程度到底有多大，许多研究者致力于这项研究。总的来看，现有的研究方法有两类，一类使用计量经济学中的多元回归分析方法，另一类使用消费乘数方法，但这两类方法都存在问题。计量经济学方法的缺陷在于模型的建立问题，消费乘数方法的难题则在于估计出电子商务带来的新增消费以及消费乘数。

鉴于现有研究的缺陷，本节采用投入产出法来估计。投入产出法在形式上与消费乘数法类似，但基本逻辑却完全相反。消费乘数法的逻辑是用电子商务带来的消费变动乘以消费乘数，这是从需求角度进行考察的；而投入产出法的逻辑则是用电子商务带来的消费变动乘以影响力系数，是从供给角度进行考察。中国当前正处在居民收入快速增加、消费倾向快速变化的背景下，此时使用消费乘数法可能会导致较大误差，从而低估电子商务的经济影响。在需求快速变化的条件下，从供给角度进行的研究更具有稳健性。

二、电子商务未来进一步影响的主要领域

以上从产业和宏观经济增长两个维度描述了电子商务对中国经济的当前影响，然而，电子商务对中国经济的影响是否仅限于上述所讲，这是一个很难回答的问题。因为电子商务的发展并没有结束，仍旧处在发展过程之中，所以下文基于历史视角，剖析电子商务对中国经济的未来影响。做出这一研究决策的基本考虑如下：电子商务是人类历史上发生的第三次流通革命，尽管在具体发展过程中会表现出独特性，但其总体发展趋势（如在发展阶段，流通革命与生产领域的革命协同互动等）方面可能存在相似性。因此，在观察前两次流通革命全部发展历程中表现出的总体规律的基础上，综合电子商务的发展特性，对电子商务的未来经济影响进行分析。

（一）从历史角度考察流通革命的全部影响力

历史发展规律表明，流通领域革命的全部完成不仅需要流通领域彻底的系统变革，更重要的是，它将与生产领域的革命协同，共同推动新的科技革命和产业变革完全展开。例如，在 18 世纪中期，第一次工业革命的兴起产生了大量待销售的工业产品，而此时居于主导地位的流通体系是传统的本地化集市，这些集市是与农业生产和手工生产相适应的流通方式，它们无法满足大量工业销售的需要，由此催生了以专业市场为主的第一次流通革命。而专业市场的发展则通过把工业产品销售给非本地市场的消费者而扩大了市场，这反过来又有利于工业生产的分工深化和效率提升。历史学家布罗代尔详细记录了这场在地中海地区发生的流通革命与工业革命之间的互动过程。

同样的故事也发生在 19 世纪末 20 世纪初。当时，在新技术和制度变革下催生了大规模生产体系的出现，由此在流通领域引发了一场以连锁零售为代表的第二次流通革命。同样，流通领域的革命则为工业领域开辟了更为广阔的市场，促进了分工深化。这场主要发生在美国的流通革命与工业革命之间的互动过程被企业史学家钱德勒

（Alfred D.Chandler）详细记录了下来。

当前，电子商务的发展仍旧以流通领域的变革为主。从历史发展过程来看，可以得出判断：电子商务仍旧处在其全部生命周期的前中期。同样，我们也可以预测：在未来，电子商务将通过和制造领域的协同互动对中国经济产生更重要的影响。

（二）电子商务对中国经济下一步影响的重点领域

1．电子商务对流通领域的影响

（1）农村电子商务、跨境电子商务与智慧物流进一步快速发展，新兴的互联网流通体系得到持续重构。尽管经过十多年的高速发展，中国已基本建成了主要覆盖城市的互联网流通体系，但仍有三个方面需进一步完善，即农村电子商务、跨境电子商务与智慧物流。发展农村电子商务可以将更大范围内的消费群体纳入高效率的新兴互联网流通体系中，从而释放其原本因价格过高或选择过少而被抑制的需求。发展跨境电子商务有助于产品全球流通，从而拓展消费者的选择空间和生产者的市场边界。发展智慧物流则能够提升产品流通效率，从而提升互联网流通体系的运行效率和网购消费体验。事实上，这三个领域是当前电子商务发展的重点领域，也是推动电子商务发展的主要驱动力。

（2）探索线上与线下深度融合新路径，推动实体商业和互联网流通体系创新发展。实体商业和线上流通渠道各有优劣，它们之间更多地体现为互补而非替代关系。推动线上和线下渠道的深度融合，是互联网条件下实现流通体系创新发展的必由之路。与前期通过补贴、新增线上或线下渠道等手段实现二者的简单融合不同，在未来，实体商业和线上流通企业需探索适合自身的全新融合路径。例如，对实体商业而言，应着重利用互联网、人工智能、大数据等新一代信息技术来更有效率地处理订单和优化服务流程，以提高商业效率；对互联网流通企业而言，关键在于将新一代信息技术应用到实体商业的全过程，重组线下商业服务流程，提升用户黏性和消费体验。

（3）努力提升电子商务技术创新投入水平，建成基于效率的创新型流通体系。中国流通体系持续发展和继续引领世界只能依靠创新。在粗放型发展阶段，依赖商业模式创新以及劳动成本和市场优势，中国电子商务以较低的技术创新投入获得了较快的发展。进入新的发展阶段，随着竞争日益加剧、科技日新月异、消费者期望节节攀升、劳动力成本增加，较低的技术创新投资水平很难维持电子商务可持续增长。因此，政府和企业必须致力于进一步提高流通业信息化、智能化水平，将大数据、云计算等运用到流通业，推动流通业技术创新，构建更加数字化的、基于效率的创新型流通体系。

2．电子商务对制造领域的影响

（1）与代工企业协同，在破解代工企业转型升级难题的同时，增强电子商务的供给能力。改革开放以来，中国依靠出口导向型发展战略取得了经济增长奇迹，而代工企业是构成这一发展战略的核心微观主体。中国存在着大量的代工企业，它们具有较强的制造能力，但技术创新能力和市场能力存在短板。代工企业要实现转型升级，除了提升技术创新能力外，还必须增强市场能力。电子商务与代工企业协同互动，一方面可以为代工企业跨越市场能力鸿沟提供桥梁，辅助其破解转型升级难题；另一方面也可以从供给侧丰富电子商务生态，提升产品和服务供给能力。

（2）与智能制造融合发展，推动第三次工业革命向深层次演进。历史上，流通领域的变革总是与制造领域的变革相互影响，相互促进。而流通领域变革与制造领域变革的融合发展则既是工业革命向深层推进的重要标志，也是其根本动力。在中国第三次工业革命展开过程中，流通领域率先变革，并实现了跨越式发展。依托先发展起来的电子商务体系，逆向带动制造领域的智能化革命，成为推动中国工业革命的现实路径之一。事实上，电子商务是智能制造的逻辑起点。二者协同互动产生的代表性模式以个性化定制为主，包括 C2B 或顾客对工厂（customer to manufactory，C2M）等具体模式。领先企业已经在电子商务与生产领域的协同上进行了探索，涌现出了海尔、格力、红领等代表性企业。鼓励并支持更多企业参与这类创新探索，将推动中国第三次工业革命持续展开，抢占发展先机。

三、电子商务进一步发挥作用面临的主要问题

新一轮科技革命和产业变革总是会带来国际竞争格局的变化，将不能跟上新技术经济范式的在位国家甩在身后，但也为后发国家提供赶超的机会窗口。电子商务不仅是新的科技革命和产业变革的先锋队，更是其根本驱动力之一。推动电子商务朝着更深层发展关系中国能否抓住新的科技革命和产业变革带来的机会窗口，实现追赶乃至赶超。但从发展现实来看，电子商务向深层发展过程中碰到了如下问题。

（一）就业替代效应逐渐显现，引发结构性冲击

从长远来看，高效率的互联网流通体系替代低效率的传统流通体系是一个资源配置优化过程，有利于长期经济健康发展，但这个从长期看有效率的变革却在短期内造成了就业冲击。因为被替代的传统流通部门进入门槛低，劳动力密集，一直以来充当着低技能劳动者灵活就业的吸附器。在当前总体经济增速下滑和结构调整的新阶段，如何妥善处理短期结构性就业冲击，是推动电子商务向深层平稳发展一个绕不过去的问题。

（二）网络市场秩序不规范，电子商务持续繁荣缺乏坚实的保障

支撑中国互联网流通体系增长奇迹的是以阿里巴巴为代表的平台模式。平台型互联网流通体系的持续繁荣要求更加规范的网络市场秩序作为保障，但当前中国网络市场秩序存在缺陷：一是相关法律法规不够健全，执行无力；二是网络市场监管和治理

力量主要来自“民间”，主要是平台自治和以消费者为主的社区治理，政府参与治理的主动性较差；三是商业信用体系不完善等。正是这些缺陷导致中国网络市场的治理体系不够规范、有力，造成网络市场中假货频现、消费者信任丧失，阻碍了电子商务的继续发展。

（三）技术创新投资不足，电子商务创新发展乏力

在新的阶段，支撑中国电子商务继续引领世界的根基是创新，但中国互联网流通业在技术创新上的投入不足。据麦肯锡咨询公司的测算，中国电子商务行业的投资水平只有营业收入的2%～4%，且主要投资在物流领域，而亚马逊在自动推荐算法、动态定价等创新技术上的投资水平则达到了营业收入的5.5%。中国技术创新投入水平偏低的根源多种多样，例如，互联网流通的平台型发展模式内在地难以解决技术公共品投资难题，是造成技术创新投资不足的组织原因，大量存在的对产品安全和质量不敏感的消费者需求则弱化了企业技术创新投资的压力等。

（四）电子商务生态和协作体系不完善，代工企业市场能力短板难以系统弥补

在互联网时代，从根本上弥补大量代工企业市场能力短板，不能仅仅依靠代工企业自身的努力，而应构建一个既具有垂直纵深，又兼有横向一体化的产业生态体系，通过专业化的企业和创业者之间的复杂分工协作来补全。但当前中国电子商务产业生态体系存在以下问题：第一，互联网流通生态体系有待发展，主要表现为覆盖城镇乡村的智慧物流体系尚不完善，物流资源整合不够，物流成本过高；第二，网络商业服务体系欠发达；第三，在大量传统流通业或代工制造业发达的地方，电子商务双创平台的发展仍不充分。

（五）流通领域变革与制造领域的协同互动充满不确定性和复杂性，创新探索局限于领先企业

作为电子商务与制造领域协同产物的个性化定制模式是对大规模生产和大规模定制生产方式的颠覆。它运行在一套新的商业逻辑之上，是一场系统革命，需要生产流程重组、企业组织与价值链重构等系列变革，充满了不确定性和复杂性。在当前工业体系下，过高的技术、数据和资本进入门槛，导致能够应对这一系统性挑战的是那些技术和资本相对雄厚、拥有丰富数据资产且具有创新精神的领先企业，大量企业仍被挡在了门外。

四、主要政策建议

在识别了电子商务影响力进一步发挥过程中存在的障碍之后，可以设计出针对性的公共政策来推动电子商务的进一步发展。这些政策主要包括以下几个方面。

（一）筑起多层次缓冲机制，减轻结构性就业冲击

首先，继续完善社会保障体系，为低技能失业劳动者提供最低保障；其次，建立健全电子商务相关技能培训体系，填补传统流通体系从业人员在互联网流通体系中重新创业的技能缺口，以二次创业促进就业；最后，壮大网约租车、租房等分享经济，为传统流通体系中的低技能从业人员提供更多可靠的灵活就业机会。

（二）规范网络市场秩序，营造公平的法治化营商新环境

为规范网络秩序，可以有针对性地出台如下政策：首先，抓紧电子商务立法，加大对侵权假冒、无证无照经营等违法经营行为的打击力度。其次，构建多方参与、重点明确的包容性协同监管体系，划清政府与平台监管职责；创新监管方式和手段；强化事中和事后监管。最后，推进商务信用体系建设，形成以政府信用平台为中心、企业和公民等多方主动参与、标准统一、信用信息安全共享的个人和企业商务诚信体系。

（三）建立电子商务创新发展基金，引导并鼓励产业提升技术创新投资水平

首先，设立电子商务创新发展基金，资助流通产业中具有公共产品性质的重大技术创新项目；其次，鼓励并积极引导社会资本加大对流通领域在移动互联网、大数据、人工智能等新一代信息技术应用上的投入；最后，顺应消费需求升级等市场条件变化，推动产业发展模式变革，消除企业技术创新投资不足的内生缺陷，增强创新投入的动力。

（四）继续完善智慧物流等支撑体系，通过生态化与协作化补齐中小制造企业市场能力短板

首先，加大流通业基础设施的信息化改造力度，以物流信息平台建设为重心，整合物流资源，完善智慧物流配送体系建设；其次，以建设商业公共服务云平台为核心，鼓励网络商业、服务业发展，为中小制造企业提供完善的商业通用技术应用服务；最后，在传统流通业和代工制造业发达地区大力发展电子商务双创基地，为创业企业提供办公场地、工商注册、运营指导等软硬件一体化的支撑服务。

（五）鼓励并支持个性化平台建设，构建数据资产共享体系，促进电子商务与制造领域协同互动的普遍化

首先，鼓励并支持个性化定制平台建设。支持一批个性化定制平台企业发展，鼓励它们发展验厂（工厂审核）、供应链金融、信用等服务，将定制集成企业与中国现有的小而精工厂的制造能力高效率地匹配起来，降低个性化定制的进入壁垒。其次，构建数据资产安全共享体系。数据资产是实现个性化定制的核心。构建数据资产共享规则，打破部门分割和行业壁垒，促进互联互通、数据开放、信息共享和业务协同，建立数据资产共享管理与服务体系，实现跨部门、跨区域、跨层级、跨系统的数据交换与共享。

第二节　数字经济时代我国农村电子商务

在移动互联网与物联网的快速发展、普及率大大增加的背景下，我国已经进入数字经济时代，数据总量指数级增长态势越发明显，数据分析技术较好的得到创新性提升，更进一步地凸显大数据的隐性价值，已然成为我国农村电子商务飞速发展的强大引擎和新的动能点。与此同时，农村电子商务的快速发展，在更大程度上赋能予农，助力乡村振兴，这就为推动农业产业转型升级、实施大规模高质量的精准脱贫、进一步又好又快地解决“三农”问题等方面奠定了基础。

一、大数据助力农村电子商务发展

众所周知，全球经济数字化转型的进程逐步加快，我们期待的新时代已经来临，它的新特征是更加注重数据的内涵价值。2018 年，《全球数字经济竞争力发展报告》蓝皮书指出，我国数字产业发展动能强劲，竞争力排名世界第二，而同样我国综合国力排名也是第二，这充分说明数字竞争力与其整体竞争力高度呈正相关，也即是数字竞争力强的国家在一定程度上更容易产生颠覆性创新，从而促进整体竞争力的提升。引领数字经济，壮大发展动能，这就要求我们必须牢牢把握大数据资源，抢占数字先机，掌握我国数据主权，使得大数据助力我国农村电子商务的快速发展。

我国正在加快建设数字中国、智慧社会的步伐，而作为数字中国、智慧社会的技术支撑——大数据，其国家级综合试验区已经建成，与四个集聚区域协同发展，共同进步，这四个集聚区域分别是京津冀、长三角、珠三角和中西部。新时代催生新技术，大数据、区块链、云计算、AI、AR/VR 等数字技术的出现，使得电子商务的应用场景更加丰富；与此同时，新时代催生新的营销模式和新的商业业态，如新零售、数字营销等。而对于通过传统线下渠道销售的农村电子商务企业，它们没有爆炸性级数增长的数据，也就不具备大数据特有的优势，所以大数据必将成为农村电子商务企业未来的核心竞争力。

二、农村电子商务助力乡村振兴，为产业崛起提供新的增长动力

（一）我国农村电子商务发展增速明显

在数字经济快速发展的背景下，随着我国电子商务产业规模进一步扩大，其应用

领域深化的程度也逐步增强。1999 年以来，我国电子商务发展热度不减，交易额逐年攀升，最重要的是 2013 年，我国网络零售额超过美国，首次排名全球首位。2022 年我国电子商务规模增长态势依旧明显，网上零售额 13.79 万亿元，同比增长 4%；农村网络零售额 2.17 万亿元，同比增长 3.6%。

（二）农村电子商务脱贫进程加快

2018 年，我国继续通过创建电子商务进农村综合示范县，进一步推进电子商务扶贫脱贫，实现赋能予农最大化，扩大农民就业，促进农民收入持续增长。2017 年，我国利用阿里巴巴、京东等电子商务平台发掘上线贫困地区商品，实现网络销售额 1208 亿元，成功带动国家级贫困县改善贫困状况，促进农民提质增收，成绩可喜，农村电子商务脱贫进程得到大幅度加快。

（三）网民规模大幅度增加

互联网在农村地区的普及率显著提升。截至 2018 年 12 月，中国互联网用户数量大幅增加，达到 8.29 亿，其中包括 2.22 亿农村网民（26.7%），农村网民年增长率为 6.2%。

（四）农村电子商务网店突飞猛进，大幅度拉动就业

近年来，农村电子商务潜力巨大，市场仍未达到饱和状态。农村网上商店的数量一路高歌，高达 986 万家（阿里巴巴有超过 100 万），农村电子商务平台众多，包含农村淘宝、拼多多、云集及有赞等平台，带动就业人数超过 2800 万人。

三、我国农村电子商务发展面临瓶颈

（一）基础设施落后导致流通成本增加

首先是信息化建设的水平有一定的滞后性，包括网络覆盖不全、信号差、网络速度慢。由于市场化培育成熟程度还不够高，流通结构较冗杂，中间环节繁杂，农户和零售终端规模小，从而导致物流成本居高不下。此外，农村金融服务水平明显落后，这也是农村电子商务的健康持续发展的重要瓶颈，这是由于农村地区人口密度低，银行等金融机构在开设网点时的经营成本高而造成的。

（二）发展不平衡制约电子商务高质量发展

农村电子商务发展的不平衡主要是地理差距，我国东部地区地理区位优势明显，发展水平较高，网络零售额占比 85.3%；而我国西部地区位置偏僻，虽然农村电子商务增速相对较快，但发展颇为缓慢，比例仍然很小。此外，城乡失衡明显。主要体现在工业品下乡与农产品进城，差距突出，制约农村电子商务发展。

（三）发展不完善影响产品的竞争力

我国虽然出台了相关电子商务法律法规，但一些政策法规环境和标准化建设仍不

健全，有待改善。新时代催生新技术，催生新业态、新模式，就需要进行监管方式的改革，亟须构建公平竞争的新环境，搭建信息安全新机制，保障农村电子商务产品的竞争力。

四、赋能予农，深入推进农村电子商务发展的对策与建议

（一）技术融合激发农村电子商务发展新动能

新时代催生的新兴技术，如大数据、人工智能、AR/VR 等技术日益融合，使农村电子商务的商业场景越来越丰富，进一步激发了农村电子商务的新动力。大数据之“大”，凸显的特征是数据的联通。目前，亟须冲破部门之间存在的“数据烟囱”，推翻产业之间存在的数据障碍与壁垒，从而加快大数据与实体经济一体化融合发展的进程。

新技术孵化新商业，电子商务平台与传统产业快速融合，进一步优化供应链资源配置，为数字化生态的协同构建奠定基础；电子商务运营与社交网络互相高度融合，促使用户之间黏合关系更加稳定；电子商务与内外贸加快融合，也成为推动资源要素之间自由流动的重要一环。

（二）赋能于农，产业数字化加速推进

“赋能于农”作为新名词，具有新的内涵。它指的是一种具有优质高效资源的农业者与客户之间整合发展的状态，理念是开放共享、合作共赢，达到成本低、效率高、用户体验满意度好的目标。

新商业催生新业态，我国进入数字经济时代以来，高质量商品和用户体验度得到高度重视，这必然催生新零售业态，其核心竞争力发生较大变化，转向用户满意度的提升与应用场景的丰富。

（三）加大相关基础设施建设，释放强劲活力

配套完善、设备齐全的基础设施是促进电子商务发展强有力的支持，但由于农村地区的基础设施不够完善，这就成为农村电子商务发展的硬伤与瓶颈。因此，亟须大力实施“互联网＋流通”，帮助农村电子商务弯道超车，上升新台阶。

（1）加快农村物流体系建设。在财政政策大力扶持的基础上，创新建立资金长效机制，引入民间与社会资本投资，鼓励“四网融合”，构建农村物流体系网。

（2）加快城乡一体化进程。提高农村地区宽带入网率，扩大农村网民规模，加大宣传，缩小农村差距。

（3）发展多元化的农村金融体系。整合金融机构、政策性金融、民间信用，创新农村金融体系，更好地为农村电子商务服务。

（4）整合物流信息与物流企业。引入并运用好第三方物流企业，建立物流信息共享平台，培养高素质的物流配送人才，加快促进物流支撑体系更加科学高效。

（四）加大监管力度，规范市场运行

（1）充分发挥《中华人民共和国电子商务法》等法律制度的引领、规范和保障作用，加大监管力度，保障市场更加规范。

（2）及时梳理、更新与修订，线上线下全面抓，规则统一，让不法分子无漏洞可钻。

（3）健全新业态标准体系的完善，建立农产品追溯体系，进一步规范市场主体行为，确保农产品电子商务可持续发展，建设更加“和谐、清朗、规范”的农村电子商务发展新环境。

第三节　数字经济时代越南电子商务发展

本节分析了数字经济背景下越南电子商务发展的趋势，指出了越南电子商务发展的优势和不足，并与其他国家电子商务发展相比较，在分析越南电子商务发展机会以及当前瓶颈的基础上，提出发展建议。

“数字经济”是信息和商务活动都数字化的、全新的社会、政治和经济系统。数字经济符合电子商务的发展趋势，能够带来效率和高利润价值，尤其是当前传统经济变得逐渐饱和的情况下，数字经济显示出它的发展潜力和重要性。据专家称，越南的数字经济倾向于关注通信、娱乐和时事方面，在电子商务等许多其他领域仍然面临很大的挑战。在越南超过 53% 的人口在使用互联网，近 5000 万用户使用智能手机，因此，越南的电子商务市场具有巨大潜力，并可能在不久的将来蓬勃发展。

一、越南电子商务的现状

电子商务是一种现代工具，可帮助企业高效地进入市场并了解市场信息，帮助企业充分利用公用事业进行贸易运营。企业还可以在能够使用互联网的任何方面向潜在客户提供产品和服务相关的信息。

根据 2017 年 We Are Social 组织使用互联网情况的调查结果显示，目前越南互联网用户数约为 9600 万人次（占越南总人口的 60%）。另外，网上购物的数量总体呈现增长趋势，从 2013 年的 10.79% 增长到 2018 年的 16.23%。

2018 年，越南电子商务转化率超过了东南亚的平均水平，较高的网站访问率可能促使电子商务的成功销售。越南的电子商务企业的转化率高达 65%，是东南亚地区最高的。新加坡的转化率排名第二，印度尼西亚的转化率排名第三。

越南的高质量企业协会近年来评估了 Lazada，Tiki，Shopee，Sendo，Adayroi 等一系列电子商务网站推出的产品和服务。网上购物相对于越南消费者来说并不陌生。

当年轻消费者越来越多地参与社交网络的购买和销售时，在线购物市场变得更加令人期待。截止 2020 年，在越南约有 51% 的人口将参与网上购物，消费水平达到 350 美元 / 人。移动平台上的电子商务和电子商务的定位将继续成为全球主流，约占全球零售总额的 25%。

然而，价格、产品和服务质量等问题仍然是影响用户在线购买产品积极性的重要因素。与此同时，随着越来越多的消费者更进一步了解电子商务平台，平台对品牌、服务风格、技术平台、运输、支付、售后等附加服务也应当加以完善，应当对电子商务进行全面的发展。

二、越南电子商务的挑战

近年来，越南电子商务市场规模呈扩大趋势，社交媒体购物也颇受广大群众的欢迎。

第一，国外竞争者对越南的投资浪潮表明，未来的电子商务可能只是一个大牌企业的游乐场。许多专家预测，在不久的将来，越南的电子商务将由两家或三家公司主导，占据 80% 的市场份额，而较小的公司只有进入利基市场的途径。目前，越南消费者，尤其是年轻消费者这一代，非常喜欢通过亚马逊（Amazon），亿贝（eBay）等外国电子商务网站购买产品。由于外国商品丰富多样，且国外完成在线购买合同订单的成本较低，有广阔的选择性，因此电子商务适合城市年轻消费者。

第二，激烈的竞争环境不利于财务能力、技术能力和管理能力薄弱的企业。事实上，如果要与国外电子商务行业竞争，资本薄弱是国内企业的主要障碍。此外，如果供应商不选择电子商务解决方案，就不能收回任何好处，且很容易造成高昂的成本。

第三，许多统计数据和报告也显示，越南网民购物的人口数量增长趋势强劲，但仍低于区域国家。具体来说，印度尼西亚 90% 的互联网用户通过移动设备在线购物，这是东南亚地区参与网上在线购物占最高百分比的国家。虽然在越南的网上购物百分比是 70%，是东南亚最低的，但是在东南亚平均只有 47% 的企业采用货到付款（COD）交易方式，而越南超过 80% 的企业支持货到付款（COD）支付方式。在新加坡和马来西亚，这一比率仅为 20%。

第四，大多数越南企业，特别是中小型企业不是通过投入适当的资金进行研究活动，以了解外国客户的直接销售口味，而是通过中介经销商进行商务研究活动。在声誉方面，与许多全球在线卖家相比，国内在线卖家仍然疲弱。国内产品的质量和设计仍然不如许多其他国家的同类产品。

第五，薄弱的技术基础设施使越南的电子商务不仅难以与其他的发达国家竞争，还可能面临不必要的事件或网络安全方面的挑战。Lazada 在 2017 年电子商务概览论坛上的统计数据显示，如果 AAG 光缆在 2、3 周内被破坏，Lazada 每天会损失 30%

的平均收入。因此，电子商务交易的不安全性、法律体制的不健全性、信息安全等问题仍然让消费者感到不安。最近，越南发布了许多法律文件，迫使企业在电子商务中为用户提供更合理的商品和服务，而不是进行一些可能损害消费者权益的行为。然而，关于消费者保护的法律并不具有高度可行性，在电子商务合同、电子交易安全、消费者权益，特别是隐私权保护等方面，监管体系不够完善，因此消费者在网上购物时仍然会感到不安全。

三、越南电子商务的发展建议

越南被认为是世界上最具活力的电子商务发展的地区之一，既有自身的优势，也面临着挑战。在未来一段时间内，越南电子商务的发展趋势不会逆世界的发展大趋势，即工业革命的典型技术 4.0（大数据、物联网等）。世界的发展在将来会启动新形式的电子商务应用模式。共同经济模式蓬勃发展；多渠道销售方式在企业中得到广泛应用；跨境电子商务增长迅速；移动电子商务已经变得流行起来。因此，在未来，越南在举行电子商务相关活动时有必要注意以下问题。

第一，完善法律环境。为了更好地发展电子商务，有必要通过制定和规范贸易活动的法律和分法文件以及适应法律和国际惯例来改善法律环境。在经济电子商务交易方面，有必要继续颁布新政策，修补法律框架和完善电子支付发展政策，以增加系统中用户和企业的信任，加强政策的执行和协调合作，发展国内和国际电子支付服务。

此外，越南电子商务协会和电子商务企业需要研究并建议修改不再适合电子商务发展的法规与政策。

第二，国家需要直接颁布相关新政策，继续鼓励和吸引社会投资、私人投资，以开发电子支付的技术基础设施。同时，为促进电子商务公共服务的发展，国家机构必须在公共采购和招标中应用电子商务相关技术；为增强行政改革的透明度，提高相关国家行政管理和电子政务的有效性，国家银行应积极实施非现金支付方案，继续完善电子支付相关法律政策;提供电子海关、税务申报、纳税和电子进出口程序等公共服务。

第三，确保电子商务交易的安全。电子商务对经济发展有许多积极的影响，但也容易受到病毒攻击、网站攻击、垃圾邮件袭击，甚至出现从 ATM 卡上偷钱的案例等；另外，互联网上也出现了诸如贩毒、走私和销假货等不良交易，因此应该有控制违规行为的机制。特别是要求电子商务交易大厅设计适用于企业和楼层的产品质量控制流程，采取措施防止和制裁企业销售假冒伪劣商品。电子商务需要加强网络安全、电子支付信息安全。针对电子商务网站，要及时进行科学合理的安全综合性能评估，及时发现并解决安全隐患。如果有一个稳固而稳定的技术平台，用户更容易接入，那么电子商务的障碍肯定会缩小。

第四，要通过合作和竞争提高企业管理能力。企业需要考虑建立共生关系的合作计划，以满足电子商务过程的每个环节，避免将自己绑在“自制”的压力线上。

第五，加强培训和相关人力资源的开发。为了发展电子商务，除了需要强大的信息学专家团队，定期追赶新兴的信息技术成就，能够设计软件以满足对数字经济的需求，也要求每个电子商务参与者都能够使用计算机，能够在互联网上有效地交换信息，对贸易有必要的了解。因此，有必要培训信息专家，这不仅是为国家的企业管理者，而是为所有人普及电子商务的知识。

第六，积极与各国和国际组织开展电子商务合作，促进跨境电子商务和非纸质贸易。2017 年 11 月 8 日，外交部部长外部部长会议 - 经济部 APEC 通过了越南倡议的重要文件之一，即越境电子商务促进框架。

第四节　数字经济时代高校应用型电子商务人才培养

中国数字经济发展步入了飞速发展的新时代，电子商务人才的需求也呈现“井喷”趋势。教育部提出了将人才培养的质量和效果作为检验一切工作的根本标准。本节首先介绍了我国电子商务引领数字经济飞速发展的现状，接着分析了我国电子商务人才培养的新需求和现状，最后提出了应用型电子商务专业人才培养的新举措。

一、中国步入数字经济新时代

数字经济是一个经济系统，是继农业经济和工业经济之后更高级的经济阶段。数字经济以数字信息为关键生产要素，以网络为主要载体，以科技创新为核心驱动力，通过信息技术与实体经济的深度融合，提升传统产业效能。信息技术被社会广泛应用，促使整个经济环境和经济活动发生根本变化。

目前，我国的数字经济发展步入飞速发展的新时代。云计算、大数据、人工智能、生物识别、移动互联网、物联网、虚拟现实、区块链等新兴技术正快速、广泛地在工业、服务业和农业中应用，并成为重要的生产要素。新技术、新模式、新业态为我国的经济发展和企业升级转型带来了新的挑战和机遇。

电子商务作为数字经济中最活跃、最集中的表现形式之一，引领我国数字经济飞速发展。2022 年中国电子商务交易规模继续呈现高速增长态势，全年电子商务交易额达到 43.83 万亿元；跨境电子商务进出口交易总额达到 2.11 万亿元，增长 9.8%；国内网购用户规模达到 8.45 亿；全年快递业务量达到 1105.81 亿件；电子商务直接从业人员和间接带动就业达到 4250 万人。

二、数字经济新时代对电子商务人才培养的新要求

（一）电子商务人才需求

在数字经济新时代，除电子商务企业之外，大量的传统企业采用“互联网 +”的战略，进行转型升级，必将出现更多的电子商务人才需求。目前，传统企业招聘要求注重实践的技能，要求不需培训或简单培训就能直接上岗，能够做到“即插即用”。

（二）电子商务人才就业结构的变化

新技术的发展与新模式的创新必然会提升劳动力素质，同时也会造成就业结构的变化。全球第一次工业革命引发了“机器问题”，大量工人被机器取代。在数字经济新时代，特别是人工智能、大数据这类技术，迫使很多重复性工作、思考模式可被理性推算的工作将被大量取代。例如目前电子商务行业中的销售、客服、分拣、快递、司机、会计等岗位将会大大地减少。我国知名的电子商务京东集团为了支撑电子商务平台的日常运营，目前需要 16 万名员工。在 2018 年年初公司宣布：“未来在京东员工数量减半，每天只需工作 2 ~ 3 小时，将全面实现无人公司，用 AI 技术颠覆传统管理与服务方式。”大量的物流分拣、装卸、配送以及客服等工作将被机器人替代，不但意味着劳动力的大量减少，对于劳动者的能力也有了更高的要求。

在数字经济新时代，随着电子商务产业的不断发展，电子商务岗位职责分工越来越细，要求人才具备某项专业的能力；工程技术、经济管理和综合管理每类岗位对另外两类岗位相关的技能都有涉及，说明电子商务人才复合型的特点。为了更好地适应变革，更多的优秀企业需要招聘懂技术、熟商业、会创新的综合型人才。人工智能的发展将创造很多新的岗位，大数据分析师、AI 智能专家和机器人监控等高端的专业人才需求将大量增加。

（三）电子商务类专业的培养目标

2017 年 9 月 24 日，中共中央、国务院发布《关于深化教育体制机制改革的意见》（以下简称《意见》），明确提出“要注重培养支撑终身发展、适应时代要求的关键能力”。《意见》指出：“在培养学生基础知识和基本技能的过程中，强化学生关键能力培养”，具体包括学生的认知能力、合作能力、创新能力和职业能力等四项关键能力。

在数字经济新时代，就业结构的变化要求高校应用型电子商务的教育也要与时俱进，把人才培养的质量和效果作为检验一切工作的根本标准。电子商务专业是计算机科学、市场营销学、管理学、经济学、法学和现代物流结合的新型交叉学科。电子商务类专业的培养目标是具备现代管理、营销和信息经济的理念，掌握信息技术技能，具有互联网思维及创新创业素质，适应数字经济时代的商务运营、专业管理和技术服务需要的复合型、应用型、创新型专业人才。

三、高校应用型电子商务人才培养的现状

电子商务在我国应用与发展的时间不长，1998 年国内的部分高等院校开始开设电子商务专业，进行电子商务人才的培养。通过二十多年的发展，在学科的理论体系、培养模式等方面都在不断地摸索和完善，但由于电子商务技术和商业模式的飞速变化，对电子商务人才的培养提出了更高的要求。目前，高校在电子商务学生的培养过程中存在着一些问题，具体表现如下。

第一，定位不清晰，专长不突出。电子商务专业涉及文科，又涉及理科方面的内容，如管理学、经济学、统计学、营销学、贸易学、信息科学与技术、计算机和通信技术等。在专业课程设置方面，多追求“大而全”的形式，而这些专业课程大部分难度大、内容深，学生难以全面掌握和深刻理解。学科之间的关联性没有整体全面地规划，容易出现内容重复交叉等现象，造成教学的重复与缺失。

第二，教学内容陈旧，没有与时俱进。电子商务相关的技术和商业模式都在飞速发展，新零售、O2O（即在线离线 / 线上到线下）社交电子商务、移动电子商务、跨境电子商务、云计算、大数据、AI、AR 和 VR 等新趋势和技术不断涌现，教材撰写和出版周期长，教学课程的教材和案例难以跟进电子商务的最新趋势。例如去年的一个 O2O 模式的成功案例，今年该企业已经销声匿迹。另外电子商务的高校教师可能缺乏企业的实践经验，只能获得有限的教学案例，浮于纸上谈兵，无法教授真正的实践技能。这样会造成教学内容与实践应用不能有效结合，与电子商务运营性强、实战性强的专业特点不符，更难具备一定的前瞻性。

第三，实践环节欠缺。应用型高校培养适应企业需求的人才，要求专业知识与职业技能相结合。高校比较重视理论教学，但是对实践教学投入和关注较少。电子商务专业实战性强，实践应用涉及电子商务平台、仓储物流等，需要较大的投入，而学校教学资源有限。另外，缺乏稳定、合适的校外实训企业。一般创业型电子商务公司受到场地、资金、业务规模等因素的影响，需要员工能够在岗位上独当一面，难以大规模地接收大学实习生。而大公司一般提供的是客服、仓储和销售等劳动密集型的实习岗位，对学生的吸引力不高。

第四，缺少职业素养培训。高校教育以专业理论教学为主，对于学生的抗压能力、学习能力、沟通能力、职业素质方面的培训和锻炼比较欠缺。在职场中，电子商务毕业生往往不具备真正的解决实际问题能力，这时需要有很强的学习能力和坚强的毅力，并且他们在工作中无法独立处理相关事务，沟通能力弱，难以融入团队，对于工作的压力无法适应，从而无法满足企业和社会对电子商务人才的需求。

四、数字经济新时代高校应用型电子商务人才培养的新举措

2018 年 6 月，教育部高等教育司召开新时代全国高等学校本科教育工作会议，会上教育部党组书记、部长陈宝生同志强调，高教大计、本科为本，把人才培养的质量和效果作为检验一切工作的根本标准。对大学生要合理“增负”，提升大学生的学业挑战度；要推动办学理念创新、组织创新、管理创新和制度创新。对于目前高校应用型电子商务专业的人才培养现状，结合数字经济新时代下社会和企业的新要求，可以从课程体系、实践体系、以赛促学三个方面对电子商务人才的培养提出改革思路。

第一，课程体系建设采用“核心基础 + 专项特色”“2+2”形式。其中，在大一、大二阶段以教授核心基础课程为主，包括大学英语、经济数学、管理学原理、电子商务概论、国际贸易、市场营销、物流管理、高级程序设计、图像处理技术等相关基础知识，让学生全面、扎实地掌握理论知识。在大三、大四阶段，采用选修课的形式，根据行业就业岗位的设置，开设专项的特色课程。学生可以根据个人的兴趣爱好和特长选择不同的就业方向，进行课程的选择。例如电子商务平台运营、网络营销、电子商务网站设计开发等特色课程，可以与企业合作，以教学见习模式、“产学研”模式、顶岗实习等模式，让学生在课内、课外通过实战的方式更深刻地学习专业的内容。

第二，电子商务专业实战性强，采用“课程实践 + 顶岗实习 + 企业实战 + 毕业实习”多层次分步递进构建完善的实践体系。课内理论教学加上课堂实践教学环节，可以让学生模拟企业的项目组形式，组建团队，完成特定的任务。鼓励学生利用 PDCA、六顶思考帽、360 度绩效考评等方式开展实践环节，鼓励学生在实践中勇于创新，让学生更容易融入企业的团队氛围。

采用灵活多样、深度的校企合作模式，让企业高管参与课堂授课，让高校教师参与企业项目。针对中小型创新电子商务企业，可以与电子商务产业园或孵化基地开展合作，让更多的学生参与到电子商务的创新和创业中。

第三，以赛促学，赛教融合。每年全国、各省市、各大高校都会组织有关电子商务专业方面的技能竞赛，如“三创大赛”、跨境电子商务大赛、移动商务技能竞赛等。大力鼓励学生组织跨专业的团队参加比赛，有利于激发学生的学习兴趣和热情。通过赛前准备阶段、竞赛阶段、赛后阶段等过程，让学生提升电子商务的理论知识、实践技能、创新意识和团队意识。同时，通过专业带队教师的参与，也可以使教师不断提升自己的专业知识体系、实践经验能力，更加注重专业课实践环节的前瞻性与实用性。通过参与各类电子商务技能竞赛，可以客观反映学校的教育质量，展现学生的实践实力，为企业输送更多的优秀人才。

综上所述，在数字经济新时代的电子商务行业挑战与机遇并存，应用型电子商务

人才培养必须与时俱进。在全面开展校企合作的前提下，针对电子商务行业就业岗位的需求，制定有效的课程体系和实践体系，培养具有较强实战经验、具备综合职业素养、具备创新意识的应用型电子商务运营与管理人才。

第五节　数字经济时代跨境电子商务对税收的影响

随着经济的发展，社会的进步，在当前形势下，以网络为主体的信息时代，人们以网络为依托，进而形成了“互联网 +”。就整体而言，最为重要的是以数字技术为核心的数学经济。在一定程度上讲，数字经济的诞生给国家以及征税机关带来了较大的挑战，不仅打破了传统商业模式，也改变了价值模式，并对当前常设机构规则具有一定的挑战性，尤其是其中的跨境电子商务。因此，在新时期，常设机构规则改革，在国际应形成共识。作为我国应抓住机遇，并积极主动地参与到国家税收规则制定之中，这样才能确保国家税收具有一定的权益，才能将“互联网 +”进行利用，最终构建良好的税收制度，才能更好地维护国家权利，才能在真正意义上促进国家良好发展。本节将针对数字经济背景下跨境电子商务对税收的影响进行针对性探讨。

2014 年，经济合作与发展组织发布了一些行动计划，其中以税基侵蚀和利润转移为核心。其中的行动计划成果主要是以数字经济面临的税收挑战为基准。在这些行动计划中明确显示，并没有涉及行动计划以及税收规则制定等，同时没有得到有效解决。另外，在当前形势下，各国之间存在着问题争议的情况，并进入全新时期。针对数字经济来讲，在税基侵蚀和利润转移的行动计划中，具有准确性描述，其中数字经济以信息和通信技术为核心，并处在转型过程时期，进而带来产物。对于 ICT 革新，能够确保科技具有便利性，并具有重要影响力，且具有标准化特征，在经济领域中，对商业流程不断优化。另外，在一些欧盟专家小组中，其认为随着 ICT 的变化，数字经济得到了不断变化，进而定义是什么构成了数字经济，存在着一些明显的困难。从总体而言，以计算机网络通信技术为核心，一种特殊的经济运行系统，商品和经济交易活动自身的网络化，构成一种本质性特征。

一、数字经济对常设机构具有严重影响

在当前形势下，在一些国家的所得税法中具有明确规定，即没有常设机构，最终不能进行征税。具体来讲，以非居民企业为例，以东道国自身营业利润为核心。假如非居民企业来源国境内，没有常设机构，不能将非居民企业中的营业利润进行全面征税。另外，对于常设机构来讲，数字经济在例外条款中，对其存在着挑战。相对而言，在常设机构中，数字经济对其出场规则存在着挑战，对其常设机构相关例外条款具有

一定的挑战性。在当前形势下，国际税收协议范本包含了两个方面的内容：一种是联合国范本；另一种是 OECD 范本。在范本中，规定了常设机构例外条款，主要是非居民企业进行设立的机构场所等，并以收集信息为辅助，假如是非居民企业，其业务不再归其所有，该场所机构并不会形成常设机构。例如一些网店以所得来源国为核心，并设立了仓库，最终称之为本企业“仓储”，能够为企业提供辅助性活动，还能规避税收。

二、OECD 数字经济行动计划的全面进展

从上述案例分析得出，随着数字技术的快速发展，一些跨国公司对数字技术进行充分利用，改变了经营模式，并进行相关税收筹划，进而能够规避纳税义务，但也导致侵蚀了主权国家税基和相应利润转移，不仅对国家税收权利具有损害，同时也导致流失大量的税收利益。虽然具有行动计划，但国际征税以国家双边税收协议为核心，国家税制具有一定的差异性，同时国际税收沟通不能与税收筹划相一致，最终造成税收规则留有空白。虽然为纳税人税收筹划提供一定的便利性，但也损害了国家的税收利益。

三、数字经济背景下跨境电子商务对税收的影响

在当前形势下，跨境电子商务与传统电子商务存在着差异。跨境电子商务能够提供相关平台，主要为展示商品，并展示一些服务信息，同时还支持交易，在跨境电子商务平台中进行交易，最终完成支付。具体而言，跨境电子商务由传统信息展示转换为在线交易。在一定程度上，对于国际税收来讲，对跨境电子商务交易具有一定的挑战，主要体现在以下几个方面。

（一）跨境电子商务对常设机构具有一定的挑战

在交易过程中，跨境电子商务以网络为重要依托，不需要以特定地方为主体进行交易。换言之，在常设机构规则中，跨境电子商务对其固定场所规则具有严峻挑战。基于交易双方国家，其中就买方国家而言，假如不能判定卖方国家营业场，将造成信息获取存在着一定的难度，同时也会改变卖方经营地点，进而造成在买方国家形成常设机构，同时不能将营业利润进行管辖权征税，丧失一定的利益。对于跨境电子商务来讲，买卖双方可以利用网络进行交流。换言之，在跨境电子商务交易中，对于实际谈判，或签订合同等，可以对网络进行充分利用，不需要买方和卖方出场完成。

（二）跨境电子商务造成企业滥用常设机构中的例外条款

企业在发展过程中，会利用税收筹划，进而将来源国设立场所业务作为一种准备性活动，最终认定为常设机构。如果存在一些客户由于一些原因，与公司业务员具有紧密联系，公司依据业务员自身的性质，设置规避等。

（三）国内外案例针对性分析

就整体而言，谷歌公司主要设立在爱尔兰，具有控股公司，其中设立资产包含了搜索和广告一些无形资产，同时谷歌爱尔兰主要对谷歌英国以外的广告业务进行处理。对于企业而言，认为其在英国业务主要是依靠网络进行的一种自助性交易，仅仅有一些客户和谷歌业务员具有密切沟通。在公司理念中认为，英国业务员的一些活动不再经营活动范畴内，进而作为一种辅助性活动，不能作为生产经营中的组成部分。在新时期，作为英国税务机关，不能对收入进行大量征税。但英国税务机关并不认同企业的做法，其存在两种观点：一种是，虽有一些跨境交易，需谷歌员工以及英国顾客进行密切联系，具体而言，在谷歌爱尔兰收入中，极少交易占有一定的比例。另一种是，在谷歌爱尔兰中，其业务员活动归属为经营性活动，并不是辅助性活动。针对英国税务机关进行有效调查，最终发现，在员工招聘过程中，谷歌爱尔兰对销售能力具有一定的要求，进而证明了员工进行的活动不为辅助性活动。因此，基于两个事实可以认定，谷歌爱尔兰员工进行的经营活动参与了境内经营活动，同时创造出巨大利益，最终构成了谷歌爱尔兰的常设机构。

在国内，对于高科技公司来讲，主要将邮件和电话方式进行有效利用，最终与境外企业进行联系，同时进行相关交易。无论是交易谈判，还是服务，都是以网络为基准，没有经过中国海关。因此，作为境外企业，在申报纳税中，与中国海关对税收问题产生疑问，最终结果为，业务没有经过海关，同时缺乏税收法规对其进行规定。除此之外，企业业务并没有在中国形成相关的常设机构，同时中国海关对业务没有进行征税，企业快速地完成了交易，同时还获得了一定的税收利益。

四、数字经济下应怎样进行税收征管

（一）数字经济对税制要素进行针对性分析，并积极完善税收征管体系

对于 BEPS（即税基侵蚀与利润转移）行动计划来讲，涉及了跨境交易一些税收问题，因此，各个层面含有现实意义，同时中国对这一领域也十分关注。在新的形势下，中国应对税制特点进行研究，还应及时修改法规以及规定，并积极借鉴 OECD 等的经验，这样才能更好地完善征管体系。

对于国际税收管辖权具有一定的争议，中国应以维护税收利益为核心，并借鉴国际经验。另外，应以居民管辖权和地域管辖权原则为基准，这样才能构建出科学的法律框架。

（二）与各国之间进行紧密联系，并积极协调各国税收争议

在当前形势下，数字经济得到了良好的发展，同时税收矛盾具有明显变化，同时

具有一定的复杂性。在一定程度上讲，由于经济全球化和跨境一体化的特点，对于国际税收问题，不能局限在个别国家，应积极修改税制和法规。各国之间应进行全面协调，中国应和各国进行密切沟通，并对信息交流机制进行完善，抓住机遇，真正参与到税基侵蚀和利润转移制定之中，并迎接数字经济挑战。除此之外，还应利用“互联网 +”，这样才能在真正意义上构建出与数字经济相协调的相关税收制度。

总而言之，在当前时代下，是以网络为核心的一种信息时代，其中最为主要的是以数字技术为主，进而诞生的数字经济为主体。相对而言，数字经济摒弃了传统商业模式，对价值模式也具有改变作用。在新的形势下，各国之间应达成共识，改革常设机构规则，这样才能更好地保护国家税收利益，才能在真正意义上促进国家经济的全面发展。

第七章　数字经济时代媒体产业的高质量发展

第一节　数字媒体概述

一、数字媒体的内涵

厘清了“数字”和“媒体”的含义，“数字媒体”的概念呼之欲出。数字媒体可以界定为：采用数字化的方式产生、获取、记录、处理和传播信息的载体。这个定义中包含了“数字”“媒体”两个关键点。

“数字”就是数字化，指采用二进制代码的数字化形式来表示信息，无论是文本、图形、图像，还是音频、视频、动画等信息，都是由二进制的“0”或“1”编码组成，这里每一个“0”或者“1”都是一个比特（bit）。比特是信息的最小单位。

“媒体”是指传递信息的介质、载体或者组织机构。数字媒体的诞生为信息传递带来全新的面貌，数字媒体传播过程中的传播者、受传者、媒介、讯息、反馈等要素都产生了根本性的变化。

对于数字媒体的概念，业界与研究者们仍然是众说纷纭，说法并未完全统一。很多学者都从个人的研究领域出发，对数字媒体提出了自己的观点。

二、数字媒体的特征

“文化为体，科技为媒”是数字媒体的精髓。因此，分析数字媒体的特征不仅要看到它的总体特征，还要从艺术、技术两个角度进行更深入的剖析。

（一）数字媒体的总体特征

1．数字化

从信息传递形式来看，数字媒体采用二进制的形式通过计算机处理文字、图像、动画、音频、视频等信息。这些信息不仅能够实现高精度的传递，而且能够高效、快速地到达受众，大大提高传播的效率。信息的复制十分便捷，几乎零成本，能够轻松地实现大规模的信息传递。另外，信息的重复使用和二次编辑非常容易，信息的利用率提升了。

2．交互性

从受众体验来看，数字媒体最显著的特性是交互性。在技术的支持下，数字媒体给予受众最大限度的人机互动。传播过程中的受众从过去被动地接收信息转变为主动地获取信息，从单方面地消费信息转变为既是信息的消费者，也是信息的生产者。这种深度的双向互动彻底改变了传统媒体时代的传播格局，开创了以用户为中心的数字媒体传播新局面。

3．多媒体性

从表现形态来看，数字媒体最直观的特性是多媒体性。数字媒体打破了传统媒体在信息形态上的局限性，文字、图片、音频、视频、动画等多种媒体信息都可以集合于一体，带给受众视觉、听觉等多方面的感受与体验，极大地提高了传播效果。同时，这些多媒体信息借助多种媒体渠道进行传播、扩散，计算机、手机、平板电脑等都成了数字媒体传递的载体。

4．技艺并重性

从发展历程来看，数字媒体最鲜明的特性是技术与艺术的融合。一方面，数字媒体是伴随着科学技术的不断发展而出现的新鲜事物，数字媒体的发展与信息传播技术的革新密不可分，数字媒体的每一步发展都离不开技术的支撑。与传统媒体相比，技术在数字媒体发展中的价值和作用更加突出。另一方面，在数字媒体的发展过程中，信息传播技术已经脱离了纯粹的技术范畴，它必须延续传统媒体作为人文艺术的本质特点。因此，数字媒体是信息技术与人文艺术的融合。

（二）数字媒体艺术的特征

数字媒体艺术是以数字媒体技术为基础，将人的理性思维和艺术的感性思维融为一体的新艺术形式。数字媒体艺术是艺术与技术结合的产物。数字媒体艺术区别于其他艺术形式的关键一点，就是其表现形式和创作过程必须部分甚至全部使用数字技术手段。

数字媒体艺术是一门年轻的艺术，它起源于20世纪60年代中后期，根植于传统艺术，以数字技术为创作与展现的主要手段，其真正形成社会影响力并被社会大众认可是从20世纪90年代中期开始，发展至今仅20年历史。尽管如此，数字媒体艺术作为现代科技与艺术形式高度融合的新传播媒介形式，已经散发出其独特的艺术魅力。

数字媒体艺术的表现形式很多，包括数字影视、数字音乐、网页设计、网络游戏、计算机动画、虚拟现实等。数字媒体艺术的特征可以概括为以下几个方面。

1．创作工具的数字化

数字媒体艺术以数字媒体技术作为基础，传统的艺术生产工具和材料被计算机设备、数字软件和编程语言所代替。可以说，数字媒体艺术和计算机技术是无法分开的，数字媒体艺术的设计若离开了计算机就好比绘画离开了纸和笔，从根本上就是无稽之谈。

2．艺术作品的交互性

数字媒体艺术是以互动理念和互动技术为核心的新型媒体艺术类型。数字媒体艺术具有鲜明的交互性，“参与和互动”构成了数字媒体艺术独特的价值。

新媒体艺术先驱罗伊·阿斯科特（Roy Ascott）说：“新媒体艺术最鲜明的特质为连接性与互动性。”数字媒体艺术的表现形式多样，但它们的共通点是——使用者通过和作品之间的直接互动，参与改变了作品的影像、造型甚至意义。他们以不同的方式来引发作品的转化——触摸、空间移动、发声等。不论与作品之间的接口为键盘、鼠标、灯光或声音感应器，抑或其他更复杂、精密甚至是看不见的“扳机”，欣赏者与作品之间的关系主要还是互动。

3．作品形式的多样性

当代数字媒体技术的发展给艺术的表现提供了越来越多样的可能性，带来了艺术设计的新思路、新手法、新形式。数字媒体从静止到运动，从单向传播到双向互动，从线性阅读到非线性阅读，作品的表现形式丰富多彩，不断刷新受众的视听体验。

4．表现时空的虚拟性

凭借各种数字媒体技术的合力以及力学、生物工程学、人体工学、仿声学等多种学科的支持，数字媒体艺术在创作中无所不能，3D 特效、非线性编辑以及多媒体技术等新的制作手段与技巧，使过去难以虚拟创建的视觉特效在数字化的编辑与整合中得以实现。

5．媒介手段的融合性

因为数字艺术的本质是基于二进制的数字语言艺术，数字化处理可以把声音、图像、文字、动画、视频等不同的媒体信息“翻译”成为统一的“世界语”，即数字语言，所以数字媒体艺术的制作和传播过程就带有媒体集成性和融合性的特点。

数字媒体艺术形态发扬了数字媒体的特性，以一种新的视听觉艺术语言来诠释和表达艺术家们的感受，丰富着我们今天的数字化生活。数字媒体艺术借助全新的表现手法重新建构数字精神世界，具有多重独特的美学特征，正日益显示出强大的生命力。

（三）数字媒体技术的特征

数字媒体技术是一种新兴的、综合的技术，是指以计算机技术和网络通信技术为主，综合处理文字、声音、图形、图像等媒体信息，实现数字媒体的表示、记录、处理、存储、传输、显示、管理等各个环节，将抽象的信息变成可感知、可管理和可交互的技术总称。数字媒体技术具有以下特征。

1．技术基础是数字化

数字化是数字媒体技术的基础。数字化的基本过程可以理解为将许多复杂多变的信息转变为可以度量的数字、数据，再以这些数字、数据建立起适当的数字化模型，把它们转变为一系列二进制代码，引入计算机内部，进行统一处理，也可以理解为：数字化将任何连续变化的输入（如图画的线条或声音信号）转化为一串分离的单元，在计算机中用“0”和“1”表示。数字、文字、图像、语音，包括虚拟世界及现实世界中的各种信息，都可以用“0”和“1”来表示，数字化以后的“0”和“1”就是各种信息最基本、最简单的表示，它可以用来描述丰富多彩的人类世界。

2. 技术手段具综合性

数字媒体技术融合了计算机技术、数字信息处理技术、数字通信、网络技术等多个技术领域，同时，各类数字媒体内容与系统都综合应用了多种数字媒体技术。

数字媒体技术中的关键技术包括数字信息的获取与输出技术、数字信息存储技术、数字信息处理技术、数字传播技术、数字信息管理与安全技术等。其他的数字媒体技术还包括在这些关键技术基础上综合的技术，如基于数字传输技术和数字压缩处理技术的广泛应用于数字媒体网络传播的流媒体技术，基于计算机的图形技术广泛应用于数字娱乐产业的计算机动画技术，以及基于人机交互、计算机图形和计算机显示等技术的广泛应用于娱乐、展示与教育等领域的虚拟现实技术等。

3. 技术应用有广泛性

数字媒体技术广泛应用于数字影视、数字游戏、数字广播、数字广告、数字出版、数字存储、虚拟现实等数字媒体领域，在文化、艺术、娱乐、商业、教育等社会的各个领域和行业中发挥积极作用。

第二节　数字媒体传播

一、数字媒体传播的内涵

数字媒体传播，顾名思义，就是以数字媒体为传播平台的传播行为的总称。数字媒体传播从媒介使用和传播范围来看，是一种以大众传播为主体，同时也包含人际传播、群体传播、组织传播等其他传播形态的传播。由于数字媒体传播的这种特殊性，它与传统媒体传播相比，具有明显的复杂性。

二、数字媒体传播的特征

传播学四大奠基人之一拉斯韦尔第一个提出传播的过程模式，指出构成传播过程的五种基本要素：传播者、受传者、讯息、媒介、效果，并将它们按照一定的结构顺序排列起来，形成了被称为“5W 模式”或“拉斯韦尔模式”的过程模式，后来大众传播学研究的五大领域——控制研究、受众分析、内容分析、媒介分析和效果分析就是按这个思路形成的。从这五个要素角度出发，数字媒体传播的特征可以归纳为以下几个方面。

（一）传播者的特征

传播者是传播行为或活动的引发者，即以发出讯息的方式主动作用于他人的人。传播过程中的传播者可以是个人，也可以是群体或组织。

传统媒体的传播者主要是大众传媒机构，如报社、杂志社、广播台、电视台等专门从事信息的采集、选择、加工、复制和传播的专业媒介组织。这些大众传媒机构在传统媒体的传播中具有极其重要的地位，它们引发传播行为，直接作用于规模庞大的广大受众，而受众的反馈则几乎可以忽略不计；它们拥有先进的技术和设备，掌握国家稀有的公共传播资源，先天具有优越的传播条件；它们拥有从事传播工作的专业人士，这些传播者具备专业的传播技能和丰富的传播经验，能够完成信息的采集、加工与发布，发挥好“把关人”的作用。

与传统媒体传播相比，数字媒体传播的传播者更加多元化。

1．组织与个体传播者并存

数字媒体传播中既有大众传媒机构、各类组织机构，还有大量普通个体传播者。

首先，大众传媒机构仍然是最重要的传播力量。目前，各种类型的网站成为数字媒体传播中的主力军。作为大众传媒机构的网站主要有两个分支：一类是由传统媒体兴办的新闻网站，如《人民日报》兴办的人民网、新华社兴办的新华网；另一类则是具有新闻登载资质的商业网站，如新浪、搜狐、网易、腾讯等。

其次，各类组织机构也通过各种渠道的传播行为成为数字媒体传播中的中坚力量。这些组织机构利用官方网站、网络广告、微博、微信、各类专业论坛等多种网络平台实现组织的宣传、推广、营销等目标。

最后，大量普通个体成为数字媒体传播中的新生力量。数字媒体平台为受众提供了参与传播的多种渠道和方式，受众不再只是信息的消费者，而是开始扮演信息的生产者和传播者，在数字媒体传播中发挥着越来越重要的作用。

2．专业与业余传播者同在

在传统媒体传播时代，报纸、广播、电视的生产不仅需要昂贵的大型仪器设备、稀缺的电波频道资源，还需要大量专业的传播工作者。他们具备新闻传播的专业知识和专业技能，通过在媒体机构中协同作业，共同完成传播任务。

与传统媒体相比，数字媒体传播的门槛是很低的，这主要体现在信息传播设备、信息传播技术和信息传播成本三个方面。数字媒体的信息生产设备是家庭和个人就可以购买使用的DV、计算机、手机等；信息生产者不需要掌握专业的传播知识与技能，只要会上网，有一定的文化基础，就可以完成信息内容的生产和传播。对个体传播者而言，传播的成本也几乎可以忽略不计。在这种设备、技能、成本都要求极低的情况下，每个人都有可能成为数字媒体中的传播者。因此，数字媒体传播中既有专业的传播者（专业传媒机构，具有媒体领域学习、工作背景的个人等），也有大量的业余传播者（普通网民）。业余传播者的传播行为特点主要表现在：他们主要从自己的所见、所闻、所感或者个人兴趣出发进行信息传播，传播行为的频度不固定，传播质量不稳定，传播内容的真实性不确定，并且大多伴随着主观的判断和倾向。业余传播者的传播活动为数字媒体平台生产出海量的信息，但其中也包含着大量的垃圾信息。

（二）受传者的特征

受传者是传播活动中讯息的接收者和反应者，是传播者的作用对象。受传者不仅要接收传播者的信息，还要通过反馈反作用于传播者。传播过程中的受传者可以是个人，也可以是群体或组织。

在数字媒体新的传播格局下，传播者与受传者的概念逐渐模糊，传播者与受传者通过高频度、高效率的双向互动，使得传者、受者的角色不再固定不变。过去处于被动接受状态的受传者获得了较大的主动权，开始全方位参与到信息的生产过程、消费过程、传播过程。因此，数字媒体时代“受传者”这种含有“被动”寓意的概念在逐渐淡化，取而代之的是“网民”“用户”等更中立的称呼。

在信息接收的过程中，数字媒体时代的用户也呈现出鲜明的特征，具体如下。

1．个性化需求明显

随着传播媒介的发展，大众传媒的传播方式也在不断地演变。从面向所有信息接收对象的大众传播，到将信息接收者进行划分的分众传播，发展到今天能够针对某个特定群体甚至个人的精确化传播，在此过程中，信息接收者的个性化信息需求越来越得到尊重和满足。

在数字媒体传播过程中，信息来源广泛，信息量庞大，信息种类丰富，具备了进行精确化传播的信息基础。同时，传播技术的更新，使“一对一”传播、信息的个性化聚合都变成现实。因此，在数字媒体传播中，受传者的个性化需求有了信息与技术的双重保障，数字媒体可以为个体量身定做，提供个性化服务。正如尼葛洛庞帝所说，在数字化生存的情况下，我就是“我”，而不是人口统计学中的一个“子集”。个体不再只是作为受众中的一员而存在，而是具有了每一个个体的存在价值。

2．自主获取成常态

在数字媒体传播过程中，受传者的信息接收方式由被动接收逐渐改为主动获取。数字媒体技术使得受众根据自己的需要“拉出”信息成为可能，受众可以自主选择自己喜欢的信息或服务。不仅如此，在信息消费行为方面，他们也获得了更多的自由，在时间、空间上的自主性都大大加强。过去电视观众为了观看喜爱的电视节目，可能需要放弃其他社交活动，在电视机前苦苦守候，而在数字媒体时代，这样的景象基本一去不复返了。

然而，虽然自主获取信息给用户带来了自由，却也让用户在选择信息的过程中付出了不小的代价，对用户的个人信息检索能力也提出了较高要求。基于这样的原因，被动的信息接收方式仍然没有失去市场。一些网站在某些软件服务中捆绑“弹出式”信息窗口，进行信息的推送，就是为了满足部分受众“被动接收信息”的需要。也有网站为了受众主动获取信息的便捷，通过聚合阅读的方式进行了信息的选择和整合，或者通过推荐新闻的方式帮助用户获知热门新闻。

无论用户完全自主地选择信息，还是网站推介＋用户拉出的半自主选择信息，都体现出了数字媒体时代用户信息获取形式的变化。这种变化不仅改变了用户的信息消费观念，也给信息的主要生产者——数字媒体（网站等）带来了挑战。

（三）讯息的特征

讯息是传播者和受传者之间互动的介质，讯息由能够传递完整意义的符号组成。接受双方通过讯息发生意义的交换，达到互动的目的。

“讯息”是一个与“信息”意思相近又有细微区别的概念。“信息”中包含了“讯息”，“讯息”是能够表达完整意义的那一类“信息”。在传播过程研究中，学者们通常使用“讯息”的概念，是为了强调传播内容及意义的完整性。在本教材中，除直接引用的传播模式外，其余处没有刻意区分“讯息”与“信息”。

随着传播媒介的进化，传播的信息量快速增长，信息构成也发生了巨大变化。

1．讯息生产海量化

数字媒体时代是一个信息爆炸的时代。数字媒体优越的存储条件以及广泛的信息来源带来了信息的爆炸式增长。数字媒体的信息存储空间巨大，较少遭遇传统媒体容量不足的困扰，这为信息的海量生产与长期保存提供了条件。数字媒体的信息生产来源广泛，由于无数的网民参与信息生产，导致大量的用户生产内容“井喷式”涌现。这些内容可能是碎片化的只言片语，可能是几幅收藏的精美图片，也有可能是网民创作的散文、小说等成形的文学作品，这些过去只存在于个人计算机、日记本、相册中的微内容，纷纷汇聚到数字媒体平台中，形成了数字媒体的信息海洋。

2．讯息内容碎片化

在数字媒体时代，以微博为代表的自媒体诞生后，用户生产的碎片化内容充斥各种媒体平台，三言两语、现场记录、晒晒心情、谈谈感慨，可以说，以微博为代表的信息碎片化传播已经潜移默化地占据着现代社会中的传播系统。手机媒体的普及更为碎片化的信息生产提供了便利。

以微博为例，内容的碎片化主要表现在：一方面，传播的内容本身只有140字左右，可能只是只言片语加上表情符号，而且文本的表达没有章法限制，意思阐释清楚即可。另一方面，内容所涉及的话题也是碎片化的。在不违反法律法规的前提下，公众可以就自己感兴趣的任何话题进行交流，这些话题可能涉及政治、经济、文化、教育等方方面面，也可能只是生活中的家长里短、日常琐碎。

信息传播的“碎片化”带来了相应的问题，信息超载现象日益严重，大量同质化信息、无用信息在网络中泛滥。例如，在迈克尔·杰克逊去世时，有无数用户在Twitter上对他进行悼念，由于缺乏过滤并且无法过滤，这些同质化信息以“井喷状”大批量涌现，关注、转发或者稍加改造上传，原始信息以这种方式“滚雪球”，形成庞大的信息流，极易淹没有效信息。此外，据调查，在Twitter上有0.55%的用户发言属于毫无意义的嘀咕，如“这一觉睡醒了”“中午吃什么饭呢”等，个人琐事的信息占据Twitter传播内容的80%以上，而这些都属于无用信息。这些碎片化的同质信息、无用信息不仅增加了用户获取有效信息的难度，而且极易诱发现代人的信息焦虑与倦怠。

（四）媒介的特征

媒介是讯息的搬运者，是传播过程中的渠道、手段或工具。媒介是讯息传递的通道，是将传播者与受传者连接起来的桥梁。

在数字媒体时代，媒介呈现出全新的特征。

1．传播手段多样化

由于媒体自身的局限，传统媒体，尤其是报纸、杂志、广播的信息传播手段相对单一，而数字媒体的传播手段却多种多样。在多媒体技术支持下，数字媒体的传播真正实现了多媒体的融合与集成。多媒体技术是利用计算机对文本、图形、图像、声音、动画、视频等多种信息综合处理、建立逻辑关系和人机交互作用的技术，它包括音频技术、视频技术、图像技术、图像压缩技术等。利用多媒体技术，数字媒体可以承载文字、图片、音频、视频、动画等多媒体信息内容，给用户带来多重感官的全新体验。

2．传播渠道交互式

传统媒体的传播单向性较强，大众传媒与受众之间缺乏有效的双向交流渠道。数字媒体先天的技术优势和全新的传播理念推动了畅通的、交互的传播渠道的形成。在数字媒体传播中，信息可以在传播者、用户之间自由地流动，传播者可以快捷地将信息送达用户，而用户也可以借助多种渠道对接收到的信息做出即时反应。这种反应不仅会让传播者随时获知传播的效果，而且会作为新的信息立即分享给其他用户。传播者与用户、用户与用户在这种机制下可以高频度、高效率地进行双向、多向互动。

另外，在数字媒体的冲击和影响下，传统媒体也在尝试借助数字媒体平台建构双向交流渠道，传统媒体的单向传播问题已逐步改善。

（五）效果的特征

效果是指人的行为产生的有效结果。传播效果则是指传播行为在受传者身上引起的心理、态度和行为的变化，也包括对社会所产生的一切影响和结果。

在传统媒体时代，传播效果的统计一般由专门的调研机构完成，收视率、收听率、发行量是考核受众规模、传播效果的主要依据。但是，这种媒体市场的调查主要采取抽样的方式完成，这样得到的数据不可能是完全精确的。而在数字媒体传播中，传播效果的统计却可以做到精准、直观。

1．效果统计精准化

在数字媒体传播过程中，用户的每一次信息接收行为、信息反馈行为都可以被轻松地记录下来。无论是网络新闻的点击率、用户跟帖数，还是视频信息的点播次数、下载量，都是非常精准的数据。依据这些数据可以判断每一次传播行为产生的结果，无论是用户的信息接收情况，还是信息反馈情况，都会及时让传播者获知。

通过数字媒体渠道发布的广告，再也不用担心“浪费广告费用”了，广告主可以选择根据实际接收广告的用户数量支付费用。以网络广告为例，目前最常见的网络广告定价方式为 CPM（每千人成本，cost per mile），即广告条每显示 1000 次（印象）的费用。也就是说，有多少人看到你的广告，你就需要为这些“广告印象”买单，每一笔广告费用都花得明明白白。

2．效果体现直观化

数字媒体传播的效果不仅可以精准量化，而且可以清晰直观。

在传播学中将效果分为了三个层面：信息作用于人的知觉和记忆系统，引起知识量的增加和知识结构的变化，属于认知层面上的效果；信息作用于人的观念或价值体系而引起情绪或感情的变化，属于心理和态度层面上的效果；这些变化通过人的言行表现出来，即成为行动层面上的效果。从认知到心理和态度再到行动，是一个效果的累积、深化和扩大的过程。

在数字媒体传播中，传播者与受传者之间的交互频度极高，受传者对信息传播的反馈可以及时到达传播者，反馈的形式多种多样，点赞、分享、保存、收藏、评论、跟帖、推荐等，将传播活动对受众认知、心理和态度甚至行动层面上的效果直观地体现出来。在网络广告发布过程中，广告主不仅可以通过点击量等数据掌握广告在用户认知方面发挥的效果，而且可以通过在广告中设计用户调查、购买链接等内容，直观地统计出用户在心理和态度、行动层面的反应。

第三节 数字内容产业

一、数字内容产业的概念

随着计算机、数字和网络技术不断提升及其与传统传媒、电视电影、游戏、出版等的日趋结合，数字技术应用于传统文化产业而产生的数字影音、数字出版、数字学习等新兴产业渐入大众视野，并正在成为新的经济增长点。为引导和加速这类新兴产业迅速发展，各国政府都积极制定了针对本国数字内容产业的鼓励和扶持政策。为了更好地研究和分析这类新兴产业，各个国家（地区）都从各自角度明确目标产业的特征、构成和范围，并相继提出了文化产业、版权产业、信息产业、数字内容产业、创意产业、内容产业等概念。国内外政府及组织对数字内容产业及相关产业的理解各有不同，但是其归纳的角度总体可以分为以下四种。

（一）信息产业角度

此种观点认为数字内容产业从属于信息产业，但与提供信息技术、信息设备与服务的面向工作的信息产业不同，数字内容产业是以数字内容为基础，提供信息内容的产品与服务。

（二）创意产业角度

此种观点将数字内容产业称为“创意产业”，认为创意产业是源自个人创意活动，这些创意活动可以创造价值。

（三）文化产业角度

此种观点将数字内容产业称为“文化内容产业”，泛指一切因文化因素产生的文化产品。此外，美国国际知识产权联盟（IIPA）将其称为“版权产业”，隶属于文化产业。

（四）新兴产业角度

北美产业分类体系（NAICS）设立了一个独立的产业部门——信息和通信产业，这个信息业包括计算机设备制造业以外的出版业、电影和音像业、广播电视和电信业、信息和数据处理服务业。

二、数字内容产业的特征

（1）产业融合：数字内容产业是一种多产业融合而成的产业，其融合性比任何产业都要强，一个数字内容产品的生产需要多方位的协调配合才能完成。

（2）产业带动：数字内容产业促进和带动了众多产业的分工和重新组合，对目前电影、电视、广播、音乐、时尚设计、视觉艺术、表演艺术等产业发展都产生了积极影响。

数字内容产业的核心：生产是内容，需要文化、技术等无形资产的投入，其投入产出比非常高，其科技文化附加值比例要高于其他产品服务。

第四节　数字媒体产业运营

一、数字媒体的运营策略

随着报纸杂志、广播电视媒体纷纷向数字媒体转型，数字媒体渐渐成为传媒产业发展的方向。数字媒体不仅是各种媒体形态、各种传播形式、各种媒介方式的叠加式整合，而且是打破各种媒体形态、各种传播形式、各种媒介方式的边界和壁垒的互入式融合；不仅是传播形态的创新，而且是运营模式的创新。面对数字媒体带来的新一轮变革浪潮，有的媒体如鱼得水，乘势而上，有的媒体冒险下海，溺水而亡，而后果迥异的背后常常是截然不同的运营策略。因此，要成为激荡澎湃的数字媒体大潮的弄潮儿，不但要有勇立潮头、敢闯敢试的勇气，更要有乘风破浪、得当运营的策略。

（一）需要围绕优势资源打造优势平台

平台本来是一个工程学的概念，指的是为了便于生产或施工而设置的工作台，带有“某种活动和工作得以运行的支撑”的含义，后来应用到经济学领域并构建平台经济学。对媒体而言，所谓平台，是指通过一定的通用介质，如数字技术、互联网络和传输协议，在用户与内容和服务提供商之间搭建一个扁平的、通用的交互场域，双方或者多方主体只要通过接口接入这个交互场域，就可以实现与另一方中任何主体的互融互通。

在数字媒体时代，数字技术、网络技术和传播技术的融合发展带来内容形式、传输渠道、传播方式的丰富多样和信息生产、消费的爆炸式增长，曾经传播活动的资源瓶颈被一一打破，同时，技术的进步突破了各种媒介间的界限，媒介融合已成发展大势，内容、渠道、终端各方的关联度加深，并使相互之间产生了更高的耦合性要求，信息传播的主客体关系发生了颠覆性变化，传者和受者的地位逆转，生产和消费不分彼此，甚至角色互换。在这种情况下，靠控制或者垄断某个环节获得竞争优势的战略不再适用，“内容为王”“渠道为王”“终端为王”让位于“平台为王”，谁占有平台，谁就将拥有用户，谁就将掌控未来。同时，由于传播渠道和接收终端的增加与丰富，也由于媒介消费碎片化和随机化特性的固化和凸显，平均每个用户增长对业务增长和收入增长的拉动作用明显钝化，一味地通过细分来满足用户的偏好或者瞄准现有市场中不同用户群落提供不同营销组合的市场策略效用锐减，媒体要想保持业务和收入的持续增长，需要面向代表潜在需求的受众整体，通过合并细分市场，整合用户需求和内部资源，打通内部流程，再造组织架构，实施融合业务，最大限度地提升自己的核心能力，这就要求媒体打破以媒介或者部门为区隔、相互独立、各自为战、资源利用率低的运营惯例建设，以资源利用最优化、整体绩效最大化为目标，以业务流程为中轴，以用户为核心，以市场为导向的一体化运营平台，并在同一平台上设置多种出口提供多种业务。

可见，数字媒体之间的竞争不是内容之争、渠道之争，而是平台之争。而平台之争是一场“胜者通吃”的游戏，谁抢占了平台高地，谁就掌握了信息传播的制高点和产业运营的制高点，可谓“成王败寇”。除了胜利者，其他角色将转变为服务于这个平台的内容或者服务的提供商。对于媒体来说，如果不能利用好自身的能力和优势，尽快完成向平台运营商的角色转换，很有可能在未来会沦为单纯的内容或者服务提供商。面对数字媒体时代的竞争新态势和新规则，媒体再也不能继续以拥有内容或者控制渠道自满自得，而应该全力打造属于自己的数字媒体运营平台。

从现有情况看，数字媒体运营平台的结构可以归纳为“两网”“三库”“五平台”。“两网”即内网和外网，“三库”即媒体内容库、业务运营库和管理库，“五平台”即内容生产平台、业务运行平台、客户服务平台、决策管理平台和网络支撑平台。对数字媒体运营来说，物质化的或者硬件化的平台建设固然是极端重要、不可或缺的，但更为重要、更不可或缺的是数字媒体运营商打造平台经济的战略思维，这种思维要求利用数字媒体运营平台提供的支撑环境和市场机制，构筑一个多接口的数字化的开放型系统，把社会上的内容生产组织、机构、企业吸附到这个系统上来，形成紧密型的产业运营联盟。

由于数字媒体是数字化、网络化的产物，数字媒体平台必然天然地具有数字化、网络化的特征，这种与生俱来的天性促使平台内部各个部分、各种要件、各种元素以及它们各自所承载的内容、渠道、终端在横向、纵向、交叉、系统层面实现互联互通，直至发生融合，因此数字媒体平台的模型不会是平面的网状，而应是立体的网状。网络化意味着去中心化，但在建构数字媒体平台的实践中，运营商应找到并打造出一个坚实的内核。一般而言，数字媒体运营商通常是数字媒体产业链上的某种核心资源的相对垄断者，而这一资源通常就是运营商独具的竞争优势。平台建设要围绕这一核心资源做文章，把它打造成为数字媒体平台最重要的支撑点和产业链最主要的驱动力。如南方都市报在建构数字媒体平台时采取的策略就是以报系旗舰为内核打造内容平台，通过做大做强内容平台来吸聚上、中、下各层级平台的资源，并使之成为平台生态体系的重要组成部分，从而获得数字媒体生产能力、全介质传播能力和全方位运营能力，最终建构起南都数字媒体集群式平台。

（二）打造优势平台，坚持量力而行，做到有进有退

对于数字媒体运营，现在业界有两种认识上的误区：一种认为数字媒体运营就是要运营全部的媒体，只有最广泛地建立、占有各种媒体资源和通道，才有可能实现数字媒体。在这种认识下，一些传媒集团拼命跑马圈地，以拥有尽可能多的媒介种类为运营目标，每出现一种新的媒介形态或媒体业态，都要不遗余力地去“抢滩登陆”。另一种认为任何一家媒体都不具备运营全部媒体的资源和能力，所以数字媒体运营是个伪命题。在这种认识下，一些人全盘否定数字媒体运营，宣称“数字媒体热，是中国传媒界面对新媒体带来的挑战压力与机遇诱惑陷入的一个集体迷思，如果不走出数字媒体的集体迷思，中国媒体就有可能在传媒格局大变革中走入歧途，付出不必要乃至惨痛的代价”。

数字媒体战略意在要全方位涉足各种传播介质，媒体类型要“应有尽有”，但从运营的角度来看，数字媒体却不能做到如此之“全”。因为任何一家媒体，无论多么强大，它所拥有的能力和资源都是有限的，不可能“包打天下”“通吃市场”。但是，我们也不能因为这一点就全盘否定数字媒体运营的价值和意义。因为数字媒体已是活生生的现实，在数字媒体时代，渠道越来越多元化，而在用户总量不会大幅增加的情况下，只有打通媒体之间的边界，开展数字媒体运营，传媒才能获得更大市场，实现规模经济基础上更好的效益。因此，上述两种观点都失之偏颇。

从实践层面考察，数字媒体运营实际上是一种传媒产业运营的战略思维和整体模式，这种战略思维和整体模式就是把传媒产业运作从单一媒体、单一品种转为多个媒体、多个品种，从而使媒体具有更全的内容生产能力和更全的媒介传播能力以及更全的业务经营能力。因此，数字媒体运营企求的应该是“更全”而不是“最全”。

在开展数字媒体运营时，一定要根据所处的传媒市场的实际情况，找到与自身条件、实力及资源相适应的发展之路，有所为，有所不为，不能面面俱到，更忌贪大求全。只有这样才能在竞争中站稳脚跟，实现既有质量又有效益的可持续发展。

在数字媒体时代，产品构成更加复杂，产业流程更加细化，技术难度不断增加，传统媒体面对这些往往力不从心。数字媒体运营商应当采取战略联盟模式、资源共享模式、合资参股模式、业务外包模式、共同研发模式等多种方式，将自己不具备竞争优势的或竞争力较弱的业务剥离出去，将大量的增值业务和功能化业务交给更专业的机构去做；要充分利用一体化运营平台的资源聚集能力和业务吸附效应，把价值链的其他参与者整合进数字媒体运营之中，以获取竞争优势并弥补自身的不足。

（三）注重产业协同，优化产业生态

任何产业都有一个内在的产业价值创生、传送的链条，任何产业的运营都离不开产业价值链的有效支撑。只有通过对多种技术、多种媒介、多种媒体、多种渠道、多种平台以及在内容、服务、市场、技术等方面具有关联性和互补性的产业及其组织进行融合、整合或者集合，打造出一条紧密合作、优势互补、利益同享、风险共担的产业链条，数字媒体才能作为一个产业形态进行运营，并在市场上实现其服务和价值。

产业价值链的存在是以产业内部的分工和合作为前提的。只有分工，没有合作，缺乏协同，产业价值链就无从产生，因此，各个产业增值环节之间的协同性是产业价值链得以存在的基础条件。数字媒体运营商要深入思考产业价值链上每个环节的协调性和互联性，深入思考怎样提高对用户需求的响应速度，深入思考如何减少链上非增值环节的时间占用和资金耗费，深入思考链上资源的优化配置和利用，发挥主导权、话语权优势，增进协同配合、互动联动，从而能够更有效地满足不断变化、日益个性化的用户需求。

在数字媒体驱动下，传媒的产业链条迅速延伸和发展。伴随新业务和新媒体如雨后春笋般不断涌现，整个传媒产业链已经由传统的“内容供应商—内容消费者”单向的垂直的线性的封闭型链条，演变成了以数字媒体运营商为核心，由网络平台供应商、内容供应商、终端供应商、应用开发商、用户等上、中、下游多个部分共同组成的立体的网状的开放型的链条。处于核心位置的数字媒体运营商连接各方需求，沟通多方市场，不仅要做好自身环节的建设，还要积极介入网络、内容、终端应用服务市场的培育，培养有利于自身发展的生态环境。例如，数字媒体运营商可以与网络平台供应商开展合作，以助于网络与服务的开发和升级，可以与内容供应商开展合作，以助于产品的研发创新和适销对路，可以与终端供应商开展合作，以助于提升消费体验，更好地为用户服务。

（四）优化输出通路，提升服务质量

在数字媒体的运营模式下，前端生产链条融合，后端传播链条分化，海量媒体产品汇流成一个大市场，再分流给多种终端，由用户自己进行个性化配置。“内容为王”的一家独大，变成了内容、渠道和服务的三足鼎立，数字媒体产品和服务的市场价值能否实现，在更大程度上取决于用户，而不是取决于生产者，谁掌握了用户这个稀缺资源，谁就掌握了主动权。因此，数字媒体运营的核心是争取用户，数字媒体运营商要想取得成功，必须深度挖掘用户价值，千方百计粘住用户。

数字媒体运营商要通过整合业务与服务，从远离用户的高高在上的社会守护者，变为以货真价实的产品和服务拥有用户的社会服务者；要通过增值业务的发展带动品牌延伸和衍生产品的发展，为用户提供更多超值的增值服务和消费回报，增强媒体黏着度；

要通过用户资源、服务资源的共享共用、互联互通来连接多元化的利益群体，锁定更多的用户群落。例如，运营商在提供内容产品的同时，可以将不同的资源，如金融、理财、房车、电商、餐饮、休闲、玩乐等整合集成在一起，为用户提供特定生活项目的综合解决方案，并努力成为他们生活的伙伴和助手，使用户对媒介产品的单一依赖转变为一种对生活方式和社会身份认知的依赖，从而不断增强数字媒体的核心价值，让数字媒体的消费者实实在在地感受到自己是“用户”而不是“受众”。同时，数字媒体运营商要像一名真正的服务业者那样为用户提供端到端的质量保证和后期维护。

美国麻省理工学院教授浦尔曾经指出：“分化与融合是同一现象的两面。”在新媒体运营中，我们不仅要关注媒体之合、媒介之合、平台之合、服务之合，更要关注与“合”伴生的“分”。就如尼葛洛庞帝在《数字化生存》中所说：“在后信息时代，大众传播的受众往往是单独的一人，所有商品都可以订购，信息变得极端个人化。”对于数字媒体运营商来说，要想获得更大的突破和更好的发展，就要不断探索研究如何以创新和创造来更好地满足用户的个性化需求。在传播媒介形式上，如何针对单一的用户统筹运用纸媒、广播、电视、网络、手机等不同的载体；在传播内容形式上，如何借助文字、声音、图像、动画、视频等媒介符号系统调动用户视、听、触等全部感官；在技术平台上，如何综合利用基于广电网、互联网、电信网的无所不在的终端，让用户随时随地获取所需要的信息等。总之，数字媒体运营商要充分利用现有媒体资源，通过提供多种方式和多种层次的个性化聚合服务，满足用户的细分需求，使用户获得更及时、更多角度、更多听觉和视觉满足的媒体体验。

在数字媒体时代，传统的报刊网、无线广播网、无线电视网等将风光不再，对内容产品售卖的支撑作用将大幅下滑，基于微信、微博、社交网站、门户网站的新媒体渠道会不断地扩展，其在内容传输总量的占比将大幅提升。在渠道布局方面，数字媒体运营商将不再强调某种单独的传输渠道，而是通盘考虑各种渠道，在巩固并不断强化固有的传统渠道的同时，大力发展和利用微信、微博等公共网络平台上的新兴渠道。

二、数字媒体的盈利模式

（一）数字媒体的内容产品盈利

数字媒体的内容产品盈利是指数字媒体通过有偿提供内容产品而获得货币收入。

1. 有偿下载

有偿下载是指用户付出一定的货币方可获得所需要内容的下载方式。有偿下载服务一般由数据库或者视频服务网站提供。首先是置身于互联网中的数据库通过自身的渠道收集分类上传相关的资料，用户付费后可以便捷地查询所需要的相关专业资料，如我国最大的学术资料网站——中国知网和国外的 Kindle。其次是一些专业机构提供的调研报告。这些专业机构通过本组织的调查研究形成某一领域的调研报告，用户需要付费才能下载调研报告。如国内的慈聪网、艾瑞网等。最后是音乐网站，内容提供商通过受众有偿下载网站上的音乐产品，从而获得收益，如苹果公司的 iTunes。

2．有偿阅读

有偿阅读是指受众要支付一定的货币才能获得内容产品的阅读权。受众注册成为会员，并通过支付一定的货币成为相应级别的会员，即可享受该级会员享受的全部权利。如中国经济信息网、国研网等，国外的《华尔街日报》属于这种类型，内容提供方通过网络插件实现对受众阅读权限的限制。

3．有偿观看

提供视频服务的网站采用会员制的方式实现收益，付费成为会员后，受众可以选择在线看或下载内容提供商提供的成套影视片或者其他视频内容。会员一般分为终身服务、包年服务和包月服务。

4．有偿参与

这类盈利模式主要适用于网络游戏，属于体验消费。游戏商开发出游戏后，通过出售点卡的方式向用户收取相应的货币。还有游戏商通过开发相关的产品获得盈利，如网络游戏征途就是通过向玩家出售装备获得盈利的。

（二）数字媒体的二次销售

数字媒体的二次销售就是媒体通过提供内容产品凝聚相当数量的受众资源后，以此吸引广告主向媒体投放广告。在媒体运作中，一次销售为二次销售奠定基础，而二次销售获得收益以促进内容产品的改善和升级。基于互联网的数字媒体的二次销售是根据其提供内容（文本内容、视频内容）的受众点击率或者下载率，通过 IP 验证的方式确定有效的受众资源。随着网站数量的增加，专业性增强，特别是网络受众消费观念的转变，基于互联网的二次销售将会成为包括网站在内的其他数字媒体增加盈利的重要途径。

（三）数字媒体出售广告资源

出售广告资源是指将依附在其中的广告资源，如时间、空间等出售，从而获得收入的一种途径。数字媒体的广告表现形式多种多样，且不同的媒体广告表现形式也不尽相同。

1．影视广告

影视广告常见于数字电视、楼宇电视、移动电视等影视终端，是数字媒体广告的常见形式，也是由传统媒体延伸而来的一种广告形式。

2．动画广告

动画广告是通过动画（Flash、三维）向受众动态地展示广告内容的一种形式。动画广告常见于互联网站的网页、各种媒体播放器、电子邮件、网络游戏等数字媒体中。

3．植入式广告

植入式广告是将广告商品或者广告品牌植入到媒体内容产品之中，在媒体无须另外付出时间、空间等广告资源的前提下完成产品或品牌的展示，受众在不知不觉中接受产品或品牌的信息。如一些网络游戏把广告植入到游戏中的各个情节、场景之中。这种广告传播特点就是受众无须为接受广告内容额外付出时间。

4．贴片广告

数字媒体贴片广告一般是在点击某视频内容，启动连接但还没有连接到点播内容之前的期间出现，或在点播内容播放完成后出现。如知名的网络视频提供平台优酷网，点击点播内容后开始播放广告。

5．旗帜广告

旗帜广告一般是在网站的顶部或者随着鼠标的滚动而滚动的一种广告形式，因其具有跟随受众视线的功能而受到广告主的青睐。旗帜广告的内容十分简洁，主要是产品或者品牌名称、联系方式，也有的旗帜广告设有超链接，受众可以根据其兴趣点击进入阅读隐藏在其后的广告内容。

6．网上直播

网上直播是网络媒体根据客户的需求，为用户提供公司庆典、新产品发布、新闻发布、访谈等各种广告或者公关活动。网上直播的优势主要表现在两个方面：一是受众获取信息几乎与对方发布信息同步，有时按直播的安排还可以与信息发布方进行互动交流；二是事后保存在网络空间上，受众可以实现资源的再利用，受众也可以最小的代价获得自己所需要的信息。

7．点播广告

点播广告是在网络上呈现一个广告标志，受众根据自己的需求获得更完备、更深层的广告内容的广告形式。点播广告的另一种形式是，置于内容产品之前，受众要获得内容产品，必须按要求完成相应的广告点击任务，否则无法获得内容产品。

8．按钮广告

按钮广告是互联网上较早的一种广告形态，因受其版面制约，一般只向用户展示品牌标志或者产品的商标、企业名称等。

9．等候页面广告

在互联网上的等候页面广告是当受众在输入某个地址，连接服务器期间向受众呈现广告。这种呈现的广告既可以由网络提供商插入，也可以由内容提供商插入。网络提供商插入的广告是独立的，随着网页的打开瞬间逝去，内容提供商插入的广告多是全屏展开，慢慢回收。在游戏的登录页面也常有此类广告。

10．搜索引擎广告

搜索引擎广告是依托搜索引擎而生的一种广告模式，目前常用的广告形式有竞价排名和关键词广告两种。竞价排名作为一种搜索引擎的盈利方式，广告主通过支付费用的多少来确定其在搜索结果中的排名。关键词广告是根据广告客户付费的多少决定其排名的先后。与竞价广告相比，关键词广告不影响用户对搜索内容的使用，而是将广告内容放在搜索结果页面的右边，正文页面的内容仍是搜索者搜索关键词条在互联网中的使用频率、重要程度或时间先后顺序排名。

11．手机广告

手机广告是指将手机作为广告接收终端的广告传播方式。目前能以手机为发布终端的广告形式主要有短信、彩信、彩铃、游戏广告和WAP（即无线应用协议）广告。手机广告的特点是数量庞大、用户信息充分、传播方式灵活、传播到达率高等。

（四）数字媒体的平台获利

平台获利是指通过数字媒体搭建的平台，并在此平台从事一定的商业活动，从而获得利润的行为。根据平台的性质不同，平台获利可以分为中介平台和自建平台。中介平台是指平台搭建方仅提供平台，收取平台使用费，平台上的内容产品由平台的使用者自己构建；自建平台是指平台的搭建方是以自己所用为目的，由平台的搭建方自己组织安排平台内容。常见的通过平台获利的方式有物流、下载和短信。

1．物流

平台的提供方或者平台的使用方通过物流获得一定的收益。物流对平台的使用通常是以电子商务的形式呈现的。电子商务的类型主要有以下几种：一是企业与消费者之间的电子商务，有代表性的是亚马逊，由亚马逊官方提供商品，并在其分布在各地的网络节点上进行展示，消费者根据自己的需要向该网站购买。二是企业与企业之间的电子商务，这是一种中介平台形式，买卖双方通过在某个平台注册，平台提供方为其提供交易商品展示、在线交流等服务，使用双方自由交流，达成交易，交易行为可以在网络上，也可以在网络之外进行。平台向交易方仅收取一定的会员费用。三是消费者与消费者对接的一种平台使用方式，平台提供方通过收取一定比例的交易金额作为费用，或者通过吸引一定人气和出售广告资源的方式获利。

2．下载

下载是基于网络平台衍生的一种获利方式，内容服务商在网络上展示某领域的内容，受众需要通过付费才能获得内容，平台提供方根据出售的空间大小、平台通道使用带宽等收取一定的费用。提供的下载内容多是时尚类和资讯类产品，如目前流行的手机报、通过短信或者直接下载个人签名等。

3．短信

短信是基于电信运营商平台而衍生的获利方式，也有网络平台与电信平台、电信平台与广电平台融合的获利方式。电信间的平台获利即是常用的点对点的短信服务，短信一般只在两个使用者之间传递。网络平台与电信平台之间的短信收益，一般是指通过网络平台向电信平台发送短信的方式，此类短信可以是“一对多”，也可以是“一对一”。电信平台与广电平台融合，即通过电信平台把短信发送广电平台，主要是一种参与性的短信，如竞猜、表达意见之类的短信。网络平台与电信平台融合、电信平台与广电平台融合的平台获利基本特征是获利需要重新分配。

（五）数字媒体的增值服务

数字媒体的增值服务是指基于数字媒体平台，在不影响主业运营的同时向受众提供有偿服务一种方式。根据数字媒体的类属不同，增值服务的方式也不尽相同。

1．道具

道具是数字媒体运营商根据本媒体的特征，为生存在媒体上的虚拟形象开发的一种商品。网络游戏商在提供网络游戏的同时，也向玩家提供一些品牌作为道具。在一些竞技性游戏中，网络游戏开发商把玩家或者游戏中虚拟人物使用的武器以某品牌商品命名，提升该品牌商品的知名度；在一些休闲型游戏中，网络游戏开发商把玩家在游戏中要消费的诸如食品等用某个品牌命名，当玩家遇到某个问题时必须购买该商品，从而加深玩家对该商品的印象，如 QQ 宠物中，当宠物生病时，要购买游戏中设定的某个品牌的药；当宠物饥饿时，要购买某个品牌的食品。除在游戏中使用之外，道具还经常以其他物件的形式出现在新媒体之中，同样是 QQ，若用户要装饰自己的 QQ 形象，就要购买服饰；要对 QQ 空间进行装饰，也要购买相应的装饰品。

2．定向服务

定向服务是指数字媒体运营商根据自己的服务内容、用户的需要有目的地向特定用户提供特定的服务。这些服务内容涉及相对宽泛，如移动电信运营商提供的天气信息、即时新闻等，电信服务的彩铃、来电显示、呼叫转移等，均属于此类。

3．个人网络出版

个人网络出版是针对博客和个人相册开发的增值业务，旨在把用户的作品由虚拟空间移到现实社会。个人网络出版业务的程序是，博客或相册空间提供商适时推出个人出版软件，用户自助编辑、排版，一切妥当之后，向网站提交，网站根据既定的合约为用户提供博客成册或数码照片印刷服务。

4．代收代付

代收代付功能是基于方便用户而开发的功能。用户使用互联网络或者通信工具，均以实名在平台上登记使用。平台提供商根据其资费支付的方式决定其通过该平台支付的信用额度，用户在互联网的特定界面或者向特定的平台发出特定的信息，即可完成购物的支付过程。平台根据用户的信息滞后或者实时收取相应的费用。目前各地均在实践手机短信购物，用户在特定的柜台前向某个平台发送一个短消息，信息内容包括商品名称、购买数量即可获得商品，如中国电信与腾讯合作，代为出售 Q 币。代收代付可以最大限度地减少用户外出时携带货币的不便，即使是大笔转账也可以根据该功能实现。

5．桌面饰品

桌面饰品是指平台运营商根据用户的偏好设计制作的装饰品或者小工具。饰品提供方可以通过有偿使用或者嵌入广告无偿使用的方式实现盈利。

（六）数字媒体与传统媒体融合

数字媒体的出现，既给传统媒体带来了挑战，也给传统媒体的发展提供了新技术支持，而数字媒体的发展也可以通过向传统媒体的融合而获得一定的收益。

1．数字媒体与平面媒体融合

平面媒体是指传统媒体中的书籍、期刊和报纸等以纸为载体，通过机械化的手段进行生产，向大众传播的媒体。数字媒体与平面媒体的融合，将传统平面媒体的内容以数字媒体为载体向外界进行传播，现在的主要表现方式是网上读书、电子杂志和网络报纸。

2．数字媒体与传统电波媒体融合

由于传统电波媒体受到播出时间和接收终端的限制，将数字媒体与传统电波媒体进行融合，可以拓展传统电波媒体发展的空间。台网融合现在常见的形式就是广播电台将其制作的节目通过网络或者基于网络构架的数字媒体进行传播，可以满足不同层次、不同时间空间的受众的需求，扩大受众面。数字媒体与传统电波媒体的融合还可以使用新的载体生产或发行载有传统媒体内容产品的传媒产品。如常见的某类节目集合以及编辑同题视频的方式，对传统电波媒体内容产品进行推广。此外，还可以借助传统媒体的制作技术开办全新的网络节目，如NBC环球和新闻集团开办视频网站HULU。

数字媒体作为一种新的媒体样式，根据各种媒体的特征，已经形成了与之相对应的盈利雏形，在众多数字媒体的盈利模式中，可以看出数字媒体已经出现规模经济和范围经济的同步增长。同时，随着媒体模式的不断更新，新技术的不断运用，其盈利模式也会发生变化，但其盈利的根本仍然依存于内容、平台、衍生产品等方面。

第五节　数字媒体与文化创意产业

一、文化创意产业概述

（一）文化创意产业的定义

如果要给文化创意产业给出一个明确的定义，那么我们首先要厘清“文化产业”“创意产业”“文化创意产业”这三个概念之间的关系。

1．文化产业的定义

“文化产业”（culture industry）这一概念最早诞生于霍克海默和阿多诺合著的《启蒙辩证法》一书。联合国教科文组织对文化产业的定义是：“文化产业就是按照工业标准，生产、再生产、储存以及分配文化产品和服务的一系列活动。”这一定义只包括可以由工业化生产并符合四个特征（即系列化、标准化、生产过程分工精细化和消费的大众化）的产品（如书籍、报刊等印刷品和电子出版物有声制品、视听制品等）及其相关服务，而不包括舞台演出和造型艺术的生产与服务。

在我国，国家统计局根据我国的基本国情对文化产业进行了概念界定：为社会公众提供文化、娱乐产品和服务的活动，以及与这些活动有关联的活动的集合。可以看出，中国将文化产业界定为文化娱乐活动的集合，区别于具有国家意识形态性的文化事业。尽管前者侧重于工业化的生产特征，后者侧重于文化产业的表现形式，我们仍可以从中得出一些共同点。

首先，文化产业从本质上应当是以盈利为根本目的的商业活动。

其次，文化产业所生产的内容无论是有形还是无形，是原生品还是衍生品，都必须与文化领域相关。所以，在这两者的基础上，我们可以对文化产业做出一个最基本的定义：文化产业是一种以工业化生产为基础，生产文化娱乐产品和相关服务的商业行为的集合。

2．创意产业的定义

“创意产业”又叫作“创意经济”，这一概念于1998年由英国政府率先提出。随后，许多发达国家和地区都提出了创意立国或以创意为基础的经济发展模式，发展创意产业已经被提上了发达国家或发达地区经济文化发展的战略层面。从广义上来讲，创意产业是指源自个人创意、技巧及才华，通过知识产权的开发和运用，具有创造财富和就业潜力的行业。从对创意产业广义层面的定义中，我们可以看出，创意产业的核心在于创新，但不仅局限于文化领域的创新，任何通过创新来创造经济效益的行业都可以称为创意产业；但从狭义上来讲，排除了创意作为生产方式对国民经济所具有的普遍意义，不少学者和国家把创意产业当作文化创意产业的一种简称，也就是说，狭义上的创意产业就是文化创意产业。

3．文化创意产业的定义

通过对“文化产业”和“创意产业”这二者定义的梳理与总结，我们可以看出，文化产业与创意产业都是工业化发展到一定阶段的产物，二者都注重精神财富的重要性，当把创意产业的定义缩小至文化领域时，其中与文化产业相交叉的部分便是文化创意产业。

至此，在分析了与之相关的两大概念的基础上，我们可以对文化创意产业做出一个比较准确的界定：文化创意产业是以创造力为核心竞争力，通过技术、创意和产业化的方式开发和营销文化产品，将文化因素转化为经济效益的一种新兴产业。从这一定义中我们可以清楚地了解到：创新是文化创意产业能够持续发展的源泉和动力，也是最具有核心竞争力的因子；同时，文化创意产业并不是所有具有创新性事物的统称，而是其中与文化相关，并且通过产业化的方式实现经济效益的新兴产业。

（二）文化创意产业的分类

1．国外文化创意产业的分类

1998 年，英国首次在《英国创意产业路径文件中》对创意产业的内容进行了归类。广告、建筑、设计、工艺品、时尚设计、艺术和古董市场、电影与录像、互动软件、音乐、表演艺术、出版、软件及计算机服务、广播电视十三个行业被纳入创意产业的范畴之内。这是对文化创意产业内容的最早划分，并且被新西兰、澳大利亚等一些国家完全借用至今。

在美国，文化创意产业的内容划分则比较特殊。美国没有所谓的文化创意产业，它们统一称为“版权产业”。美国的版权产业分为两大部分：核心版权产业和边缘版权产业。核心版权产业包括书报出版、音乐、广播电视、广告以及计算机软件等；边缘版权产业则主要指与版权相关的一些产业，但其核心并不是以版权为主。例如，产品为部分产权资料的产品、将版权产品分销到市场的产业以及所制造或销售的产品部分与版权相关（如计算机硬件、收音机等）。

除了英国和美国，在西方有相当多的国家和地区对文化创意产业内容的分类大同小异。但是在细节上，不同的国家和地区会有一些小差别。例如，芬兰的文化创意产业包括建筑及产业设计与艺术、图书馆及博物馆、书籍、报纸及期刊出版与制作、广告、摄影、电台与电视、影像制作与分销、录音、游乐场、游戏及康乐服务，同时主题公园等也在文化创意产业的范围之内。

2．我国的文化创意产业的分类

在我国，首先提出“文化创意产业”这一概念的是台湾地区。台湾将文化创意产业分为以下三类：文化艺术产业、设计产业、其他相关产业。这种分类方式从文化创意产业的表现框架进行了简单归类，并没有对具体的行业内容进行划分。但在更具体的划分上，中国台湾与其他国家和地区的区别在于，它将社会教育服务产业（如博物馆、画廊、文化设施）和创意生活产业（如婚纱摄影、茶楼）也一并纳入了文化创意产业的范畴内。

二、数字媒体与文化创意产业

在知识经济时代，文化成为经济发展的重要资源，而文化产业则成为重要的支柱产业之一，创造出了可观的经济效益，成为经济发展的引擎。文化产业被公认为是 21

世纪的朝阳产业，以其独特的魅力和惊人的成长速度吸引了全球的目光，越来越多的国家开始将文化产业视为一种战略产业，无论是发达国家还是发展中国家，都已把大力发展文化产业作为新的经济增长点。

创意产业是文化产业发展到新阶段的产物，是文化产业中最具创造性和先导性的核心组成部分，新经济时代的创意产业是全球化条件下，以消费时代人们的精神文化、娱乐需求为基础，以高科技为支撑，以网络等新传播方式为主导，以文化艺术与经济的全面结合为自身特征的跨国、跨行业、跨部门、跨领域重组或创建的新型产业集群。它是以创意为核心，向大众提供文化、艺术、精神、心理、娱乐产品的新兴产业。它改变了过去时代产业发展的静态平衡，趋向于一种发展的、动态的平衡，不仅体现了当代文化与经济的相互交融，还体现了文化的经济化和经济的文化化的新趋势。

数字媒体包括了图像、文字以及音频、视频等各种形式以及传播形式，数字媒体内容的数字化，即信息的采集、存取、加工和分发的数字化过程。其范围涉及影视制作、动画创作、广告制作、多媒体开发与信息服务、游戏研发、建筑设计、工业设计、服装设计、人工智能、系统仿真、图像分析、虚拟现实等领域，并涵盖了科技、艺术、文化、教育、营销、经营管理等诸多层面。数字媒体已经成为继语言、文字和电子技术之后的最新的信息载体，就其主要应用领域进行分析后不难看出，基于计算机和网络技术的数字媒体发展对推进创意产业发展起着至关重要的作用。

（一）数字媒体是文化创意产业的主要内容

1．数字电影

数字化的电影为电影的发展提供了新的历史机遇，它已经涵盖了电影的三个重要的环节——制作、发行和放映。数字电影中的数字特效更是重中之重，商业电影中也越来越依靠特殊视觉效果赢得观众，在视觉上给人以冲击与震撼。数字镜头比例越来越高，并且，在现代，我们已经很难发现在一部电影中没有任何的数字特效成分了。数字特效如今是确保票房的最大热点，并且成为与电视业的竞争中获取胜利的法宝。从《星球大战》中虚拟的太空世界到《泰坦尼克号》中数字处理的人群，再到《角斗士》中的古罗马圆形竞技场等数字技术的创新，充分体现了影片的商业卖点和艺术亮点。精妙奇幻的效果在全球市场产生了轰动效应，其文化意识和观念也逐渐进入了各国，影响到其他国家的消费心理和方式。

2．动漫

动漫产业无论是给个人还是企业、国家，都会带来可观的效益。在国外，动漫产业成本投入的70%需要通过延伸产品来实现，尽管动漫电影放映票房收入本身不俗，但由其衍生出的玩具、游戏、用品等产业链条的收益却远远大于动画片本身，动画片的播出只占整个产业很少的一部分。动漫产业不仅代表了数字网络技术发展的新方向，更对服装、文具、玩具、食品等关联产业的发展具有强烈的牵引作用，同时成为创意产业的领跑者。

3．手机

近两年来，在短信业务持续增长的同时，彩信等语音增值业务也逐渐兴起，网络彩信、WAP 等业务也开始提速，移动增值业务也步入了多元化的发展阶段。随着增值业务的发展，手机报、手机刊、手机游戏等新的信息传媒方式都证明了手机已不仅是新的娱乐载体，同时还具备了媒体的功能。手机也被人们认为是继报纸、广播、电视和互联网之后的“第五媒体”。

（二）数字媒体是文化创意产业的重要载体

近年来，现代传播媒介高速发展，宽带技术、多媒体传播、数字化与互联网的兴起对传统文化产生了巨大的冲击。信息技术能为文化创意产业的传播和推广提供载体，尤其以互联网为载体的网络媒体的变革使得文化创意产品传播速度更快。无论是音乐、照片、视像、文件还是对话都可以通过同一种终端机和网络传送及显示，在网站上给手机发短信、下载铃声已成为时尚，在娱乐领域，互联网也正成为越来越多网迷的新宠。网络媒体使语音广播、电视、电影、报纸、图书等创意信息内容融合传播。网络媒体的这种大容量、即时性、互动性和超越性的优点，为人们快速提供大量文化创意产品的信息提供了很好的传播途径。

（三）数字媒体是文化创意产业的主要技术手段

技术创新是文化创新的主要驱动力，以数字内容设计和制作为中心，不仅使图像、语音与数据融合，而且还使不同形式的媒体之间的互换性和互联性得到加强，打破了先前文化艺术固有的边界，给文化创意产业的发展带来了强大的生命力。例如，网络游戏、传媒、广告、动漫、创意设计、出版、会展等这些产业要涉及图像的采集、处理、输出及传输等过程，都需要借助大量的数字技术工作。随着文化创意产业的发展，其对技术的需求将会提出越来越高的要求，同时技术的创新也会为文化创意产业的发展提供有力的保障。

（四）数字媒体提高文化创意产业的竞争优势

竞争优势的塑造有两个最基本的来源，即差异化和低成本。对文化创意产业而言，产品差异性是其一个重要的特点，而信息技术的普及和改进能为产品的差异性提供更好的发展平台，尤其是那些涉及三维造型、图像和影像等多媒体文件的创意产业，都需要借助计算机和网络进行个性化制作、设计和复制传播，从而高效地服务于差异化群体。在低成本这个特点中，数字媒体的数字化和双向传播给创意产业带来了独特的传播优势，降低了成本，同时数字媒体的技术和性能的不断提高也给文化创意产业的成本降低带来了很大空间。

参考文献

[1] 中华人民共和国国民经济和社会发展第十四个五年规划和 2035 年远景目标纲要 [J]. 新华月报，2021，000(007)：P. 79-126.

[2] Tirole J . Economics for the Common Good[M]. 2018.

[3] 崔耕瑞. 数字金融能否提升中国经济韧性 [J]. 山西财经大学学报，2021，43 (12)：29-41.

[4] 李拯 . 把发展数字经济作为战略选择 [N]. 人民日报，2021-10-29(5).

[5] 马蓝，王士勇，张剑勇. 数字经济驱动企业商业模式创新的路径研究 [J]. 技术 经济与管理研究，2021(10)：37-42.

[6] Moshirian F , Tian X , Zhang B , et al. Stock market liberalization and innovation[J]. Journal of Financial Economics，2020.

[7] Tan G , Zhou J . The Effects of Competition and Entry in Multi-sided Markets[J]. Review of Economic Studies，2020.

[8] 孙德林，王晓玲. 数字经济的本质与后发优势 [J]. 当代财经，2004(12)：22-23.

[9] 邵春堡. 新时代数字经济的价值创造 [J]. 中国井冈山干部学院学报，2021(5)：22-30.

[10] 潘一豪. 加快推进数字经济法治建设 [N]. 人民邮电，2021-10-29(1).

[11] 张毅. 数字化及智能制造数字化转型进入新阶段：从政策角度看企业数字化转型发展趋势 [J]. 起重运输机械，2021(11)：28-29.

[12] 张新红. 数字经济：中国转型增长新变量 [J]. 智慧中国，2016(11)：22-24.

[13] 邢成冰. 共享时代数字经济发展趋势与对策探究 [J]. 商业经济，2019(10)：133-134.

[14] Zhang Y , Ma S , Yang H , et al. A big data driven analytical framework for energy-intensive manufacturing industries[J]. Journal of Cleaner Production，2018，197(PT. 1)：57-72.

[15] 杨炎. 国际对比视角下我国数字经济发展战略探索 [J]. 科技管理研究，2019，39(19)：33-42.

[16] 刘菲. 关于数字经济发展趋势的探讨 [J]. 现代经济信息，2019(20)：305-307.

[17] 段伟伦，韩晓露. 全球数字经济战略博弈下的 5G 供应链安全研究 [J]. 信息安 全研究，2020，6(1)：46-51.

[18] Kim K , Bounfour A , Nonnis A , et al. Measuring ICT externalities and their contribution to productivity : A bilateral trade based approach[J]. Telecommunications Policy, 2021, 45(2) : 102085.

[19] 许丹丹，王晓霞，崔羽飞，等. 运营商在 5G 时代数字经济的机遇和挑战 [J]. 信息通信技术，2020，14(1)：46-52.

[20] 孙德林，王晓玲. 数字经济的本质与后发优势 [J]. 当代财经，2004(12)：22-23.

[21] 逄健，朱欣民 . 国外数字经济发展趋势与数字经济国家发展战略 [J]. 科技进步与对策，2013(8)：130-134.

[22] 何枭吟 . 数字经济与信息经济、网络经济和知识经济的内涵比较 [J]. 时代金融，2011(29)：49.

[23] 刘荣军. 数字经济的经济哲学思维 [J]. 深圳大学学报 (人文社会科学版), 2017，34(4)：97-100.